12
13
38 1772

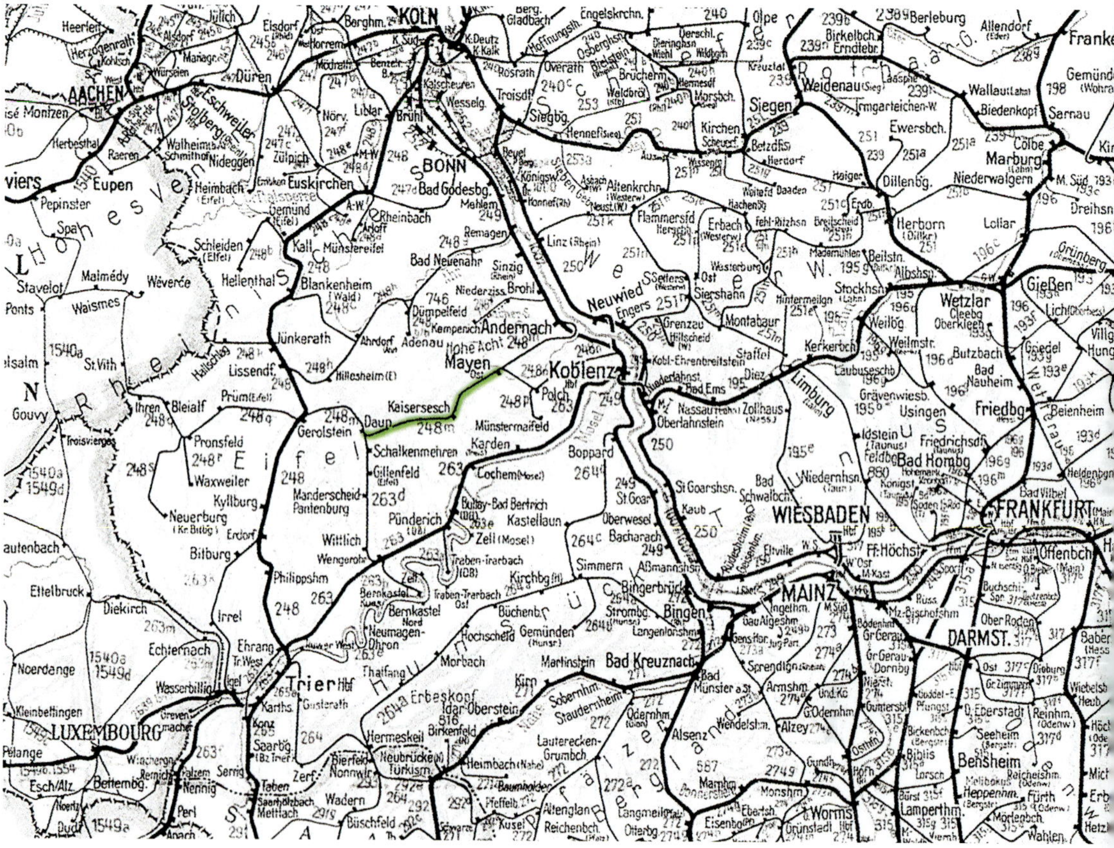

Karte aus dem amtlichen Kursbuch der Deutschen Bahn von 1953.

Die Eifelquerbahn zwischen Gerolstein und Mayen

10
11
52 8134-0
78 468

Die Eifelquerbahn zwischen Gerolstein und Mayen

Eine Schienenbuseinheit ist am 16. Juli 1990 bei Darscheid unterwegs.

Stefan Kleine-Erfkamp

Die Eifelquerbahn

zwischen Gerolstein und Mayen

SUTTON ZEITREISE

Eine Schienenbuseinheit bei der Einfahrt in den Bahnhof Dockweiler-Dreis, aufgenommen am 16. Juli 1990.

Einband vorn: 78 468 verlässt am 6. April 2010 mit einem Sonderzug anlässlich des Jubliäums „175 Jahre Deutsche Eisenbahn" den Bahnhof Gerolstein.
Vorsatz: Parade der historischen Preußen-Loks 38 1772 und 78 468 sowie einer T9 und 52 8134 am 6. April 2010 im Bw Gerolstein.
Nachsatz: Karte aus dem amtlichen Kursbuch der Deutschen Bahn von 1985.
Einband hinten: BR 798 fährt am 24. Mai 1985 auf dem Weg von Gerolstein nach Daun unter der Steinbrücke bei Dockweiler hindurch.

Impressum

Sutton Verlag GmbH
Arnstädter Straße 8
99086 Erfurt
www.suttonverlag.de

1. Auflage, 2023

ISBN: 978-3-96303-447-3
Druck: Florjančič Tisk d.o.o. / Slowenien
Gestaltung und Herstellung: Sutton Verlag

Inhalt

Danksagung

Für die großartige Unterstützung und die angenehme Zusammenarbeit bei der Recherche sowie der Erstellung eines Buches über die Eifelquerbahn möchte ich allen Beteiligten ganz herzlich danken. Hervorheben möchte ich hierbei vor allem die exzellenten Gespräche mit Herrn Hermann Grüter, einem ausgewiesenen Kenner der Eifelquerbahn, der mit einigen ausgewählten Aufnahmen zum ausgewogenen Bilderbogen dieses Buches maßgeblich beigetragen hat.

Ebenfalls sehr gefreut hat mich die gute Kooperation mit der Verbandsgemeindeverwaltung Daun, mit Herrn Stephan Sartoris von der Redaktion des Trierischen Volksfreundes sowie dem Lektorat des Sutton Verlages. Herzlichen Dank meinen Eltern, der Familie und den Freunden.

Bildnachweis

Hermann Grüter: S. 13, 14, 15 o, 19, 20, 21 o, 22, 23, 24 o, 25, 26 o, 28–35, 37–44, 46–50, 52, 54 o, 58, 60–62, 63 o, 66, 67 o, 71–80, Einband hinten; Christoph Riedel: S. 2, 4; Sammlung Christoph Riedel: S. IV, Nachsatz. Alle weiteren Aufnahmen stammen aus dem Archiv des Autors.

Literaturhinweise

Bahn-Spezial 3/94. *Abschied vom Schienenbus: „Aus" für die Nebenbahn-Retter der Bundesbahn.* München 1994.

Blum, Peter: *Adenau am Nürburgring: Ein städtisches Gemeinwesen seit Jahrhunderten.* Adenau 1952.

DIE EIFEL, Zeitschrift des Eifelvereins (1959). S. 138. Jahrbuch Ahrweiler (1969).

Die Lokrundschau. Heft 135. Hamburg 1991.

Eisenbahn-Amateur-Klub Jülich e.V.: *75 Jahre Düren-Heimbach: Geschichte einer Eisenbahnstrecke.* Jülich 1978.

Eisenbahn Kurier Aspekte 5. *Vor 25 Jahren: DB-Dampflokomotiven 1971.* Freiburg 1996.

Eisenbahn Kurier Aspekte 8. *Vor 25 Jahren: DB-Dampflokomotiven 1972.* Freiburg 1997.

Eisenbahn Kurier Special 16. *Schienenbusse der DB – VT 95/98.* Freiburg 1990.

Hoppstädter, Kurt: *Die Entstehung des Eisenbahnnetzes im Moseltal und in der Eifel: Nach den Akten des Staatsarchivs Koblenz.* Saarbrücken 1963.

Kuhl, Hans-Peter/Petry, Jörg: *Das Bahnbetriebswerk Gerolstein.* Walsdorf 1994.

Kuhl, Hans-Peter/Petry, Jörg/Werning, Malte: *Die Eifelquerbahn Mayen–Gerolstein: Die Geschichte einer Nebenbahn.* Gülzow 1996.

Mertes-Kolvenbach, Erich: *Die Entwicklung der Eisenbahn in der Zentraleifel: Die geplante Bahnstrecke Adenau-Kelberg-Daun.* In: Eifeljahrbuch (1991). S. 161-166.

Einführung

Die Eifelquerbahn führt von Gerolstein über Daun und Kaisersesch nach Mayen. Dieses Buch gibt einen Überblick über Planung und Bau dieser landschaftlich wunderschönen Strecke sowie über Streckenführung und Fahrzeugeinsatz bis hin zur Einstellung des Personenverkehrs am 11. Januar 1991.

Auch einige Höhepunkte, die die Bahnstrecke nach dem Einschnitt im Jahr 1991 erlebte, werden gezeigt. So sind neben zahlreichen Sonderfahrten die Feierlichkeiten anlässlich des 100-jährigen Bestehens der Strecke ebenso zu nennen wie die zum 175. Jubiläum der Deutschen Eisenbahn, das ausgehend vom Bw Gerolstein vom 2. bis 6. April 2010 gefeiert wurde.

Abgerundet wird diese Publikation von persönlichen Erinnerungen, die vor allem während der letzten Tage des Personenbetriebs auf der Strecke gesammelt wurden.

Nach 2013 wurde es ruhig um diese Strecke – es bleibt die Frage unbeantwortet: Quo vadis Eifelquerbahn?

Anlässlich des Jubiläums „100 Jahre Strecke Mayen–Gerolstein" fand am 20. Mai 1995 eine Sonderfahrt mit 86 457 statt. Die Aufnahme zeigt den Zug kurz vor 16.00 Uhr vor dem Haltepunkt Urmersbach.

Einfahrt des Nto 7058 aus Daun in den Bahnhof Gerolstein.

1

Planung und Bau der Eifelquerbahn

Schon frühzeitig hatte die Rheinische Eisenbahn die Konzession für eine Verbindung von Andernach an der linken Rheinstrecke zu den im Raum Niedermendig gelegenen Basalt- und Lavasteinbrüchen beantragt.

Mit dem ersten Güterzug am 1. April 1878 und somit der Eröffnung der Strecke von Andernach nach Niedermendig wurde ein erster Schritt gemacht. Am 15. Mai 1878 wurde der Personenverkehr aufgenommen. Die Eröffnung des Abschnitts nach Mayen folgte am 29. Mai 1880. Bereits ab 1. Januar 1880 hatte der Ausbau und Betrieb der Strecke unter staatlicher Führung gestanden. Die endgültige Verstaatlichung der Rheinischen Eisenbahn erfolgte am 1. April 1881, sie gehörte fortan zur Königlich-Preußischen Eisenbahn-Verwaltung (KPEV).

Wie aber vollzog sich die Entstehung der Strecke von Gerolstein über Daun nach Mayen, die als sogenannte Eifelquerbahn bekannt wurde, und die Fortführung der Verbindung über die Eifelhochfläche zur im Kylltal verlaufenen Eifelhauptstrecke Köln–Trier?

Alles begann 1879 mit einem Ministerbrief an den Oberpräsidenten der Rheinprovinz.

Von Anfang an war man bei den Planungen davon ausgegangen, dass die Strecke Mayen–Gerolstein durch das Elztal führen musste, und zwar über Kelberg. Berücksichtigt wurden laut der Zeitschrift des Eifelvereins von 1959 neben den Baukosten die Erfassung eines möglichst großen Raumes mit möglichst hohen Bevölkerungszahlen sowie die verkehrsmäßige Erschließung der Abbaugebiete von Basalt, Lava, Schwerspat, Trachyt und Tuff.

Ein Alternativvorschlag für die Linienführung durch das Nitztal über Virneburg und Kelberg konkretisierte sich schlussendlich nicht, obwohl die Strecke 5,5 Kilometer kürzer und die Erstellungskosten um 861.000 Mark günstiger gewesen wären. Auch die einfachere Überwindung der Höhenunterschiede bei der Projektierung der Virneburger Strecke war nicht ausschlaggebend.

Argumente für die Linienführung durch das Elztal waren die erreichbare Bevölkerungszahl von 20.500, im Vergleich zu 11.900 im Nitztal, und die bereits vorliegende Erschließung zwischen Monreal und Moselkern, die eine gute Anbindung von Müllenbach und Ulmen über Mayen und Kaisersesch erlaubte. Kelberg war ursprünglich bei beiden Entwürfen als Bahnanschluss vorgesehen.

Aufgrund dieser Vorschläge wurden 1882 die Vorarbeiten und Kostenvoranschläge für die Eifelquerbahn in Auftrag gegeben. Nach dem Bericht vom 8. August 1883 veranschlagte man die Gesamtkosten bei 8,5 Millionen Mark, wobei ein Anteil von 480.000 Mark auf den Grunderwerb entfiel.

Überliefert ist übrigens eine Eulenspiegelei des Landkreises: Ein Spaßvogel hatte es sich offensichtlich erlaubt – angeblich im Auftrag der Behörden –, die Bauern hinsichtlich der neuen Eisenbahnlinie zu befragen und erste Vormessungen auszuführen. Im Gegenzug wurde er von den Bauern freundlich empfangen und erhielt überall kostenfrei Logis, Speis und Trank – so ging es über Wochen. Die Eifeler Bauern nahmen es mit Humor.

Nach einer verbesserten Anbindung des Landkreises Daun, die durch Petitionen der beteiligten Kreise im Jahr 1884 erreicht wurde, kam es schließlich zur heutigen Eifelquerbahn – der bahntechnischen Erschließung der Vulkaneifel – von Mayen über Monreal, Kaisersesch, Ulmen, Darscheid und Daun nach Gerolstein.

Am 15. Mai 1895 wurde die Strecke Mayen-Ost–Gerolstein offiziell eröffnet. Die eingleisige Streckenführung sah vor, dass Kelberg nun über Utzerath angebunden wurde. Ab dem 12. November konnte man bereits von Gerolstein über Daun und Mayen direkt nach Koblenz fahren.

Ebenfalls im Jahr 1895 wurde die Konzession für eine Verbindung von Daun über Wittlich nach Wengerohr erteilt. Der Betrieb auf dieser Strecke wurde jedoch erst am 1. Juli 1910 aufgenommen, da der Bau der Trassierung aufwendig gewesen war und daher sehr viel Zeit beansprucht hatte. Neben vier Tunneln mussten drei größere Viadukte – eines davon in Daun – errichtet werden.

Fast parallel zur Eröffnung der Eifelquerbahn war außerdem die Ahrtalbahn entstanden. Am 17. September 1880 eröffnete die Rheinische Eisenbahn das erste Teilstück von Remagen

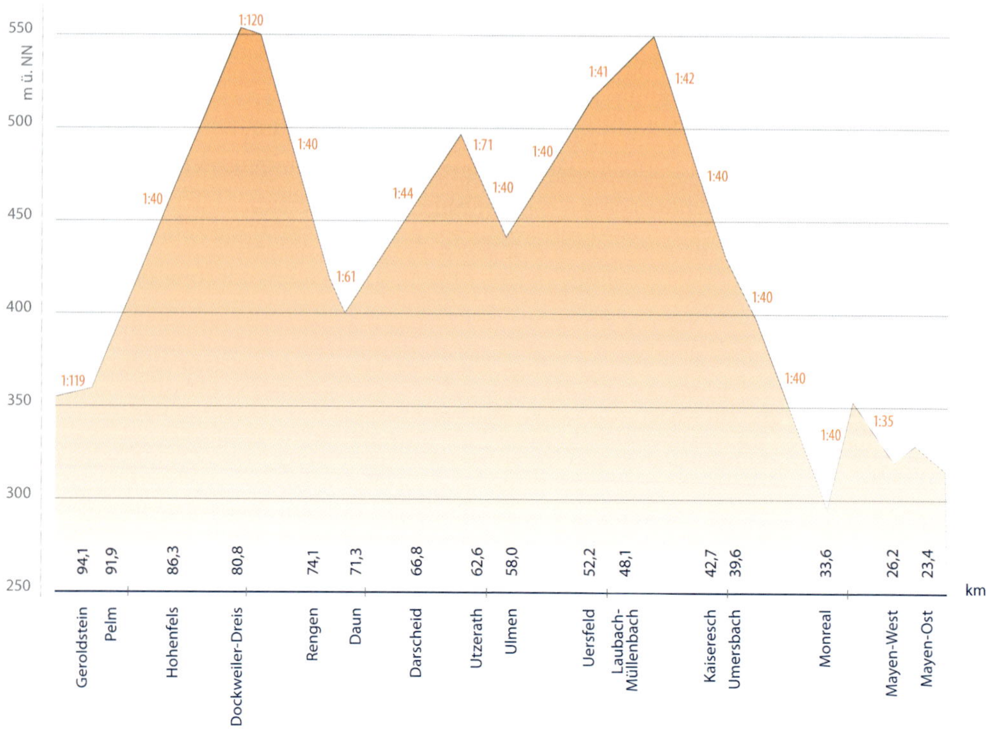

Höhenprofil der Eifelquerbahn.

nach Ahrweiler, das am 1. Dezember 1886 bis Altenahr und am 15. Juli 1888 bis Adenau verlängert wurde.

1912 wurde die Bahnstrecke Dümpelfeld–Hillesheim (Eifel)–Lissendorf eröffnet. 1913 folgte die Bahnstrecke Ahrdorf (Ahr)–Blankenheim (Wald) und somit der Zusammenschluss der Ahrtalbahn mit der Eifelstrecke. In Kreuzberg war parallel hierzu das Betriebswerk Kreuzberg entstanden. Mit dem Bau der Verbindung von Rech (Ahr) über Rheinbach und Liblar nach Neuss hatte man zwar begonnen, in den Wirren des Ersten Weltkriegs wurde die Strecke jedoch nicht fertiggestellt. Auch die Bestimmungen der Siegermächte erlaubten die Vollendung des Baus nicht. Überreste dieser Bautätigkeiten sind der fertiggestellte Brückenpfeiler oberhalb Ahrweilers und die Tunnel im Ahrtal, die der Bevölkerung im Zweiten Weltkrieg Schutz boten und in den 1950er-Jahren zum Regierungsbunker ausgebaut wurden.

Bevor der individuelle Autoverkehr immer weiter zunahm, hatte die Eifelquerbahn einerseits lokale Bedeutung – die Verbindung vieler Eifeldörfer zu Rhein und Mosel –, andererseits waren gerade in den 1950er- und 1960er-Jahren der Berufspendlerverkehr nach Daun, Gerolstein und Kaisersesch/Mayen und vor allem der Schülerverkehr beachtenswert. Ebenfalls von Belang war der Urlaubsverkehr in den Monaten April bis Oktober. Erst mit der Verbesserung der Straßen und der Anbindung an Koblenz sowie der A48 zwischen Trier und Koblenz hatte der Individualverkehr sehr viel größeres Gewicht.

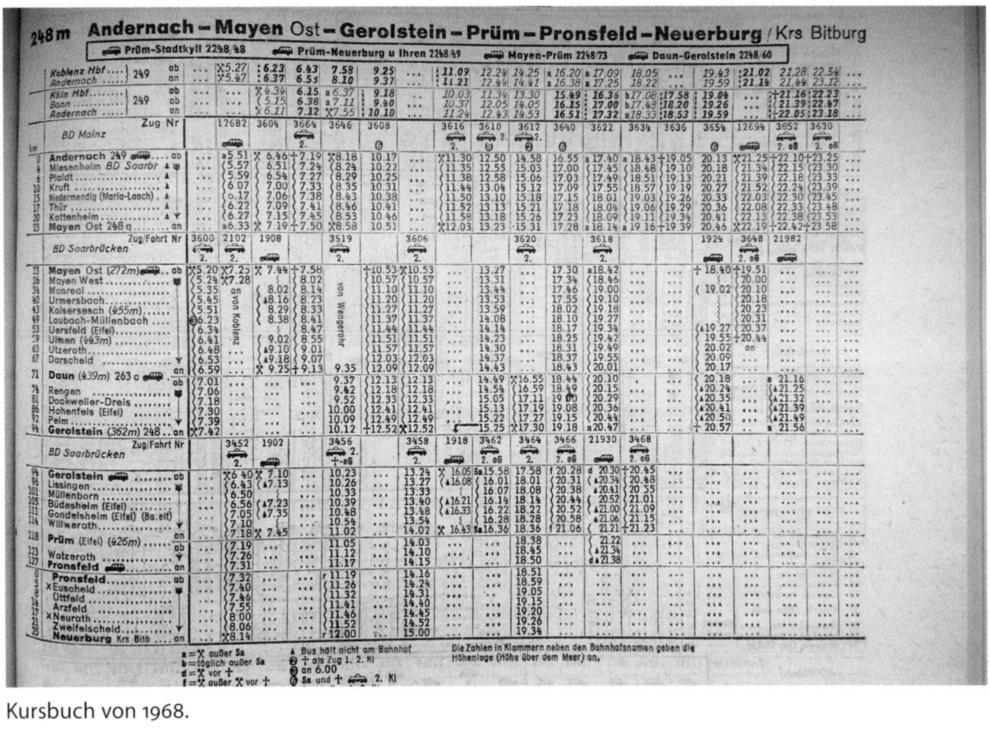

Kursbuch von 1968.

Am 13. September 1966 steigen Feriengäste in den abfahrbereiten Schienenbus VT 98 im Bahnhof Darscheid.

Schulkinder verlassen im September 1990 den Schienenbus am Bahnhof Uersfeld.

2

Die Strecke zwischen Gerolstein und Mayen

Gerolstein

Der an der Eifelstrecke Köln–Trier gelegene Bahnhof Gerolstein, Ausgangspunkt der Eifelquerbahn und ehemals ein Knotenbahnhof, wurde im neogotischen Stil errichtet und bereits im November 1870 eröffnet. Dieser Baustil findet sich auch bei vielen anderen Gebäuden an der Eifelbahn. Die zumeist prunkvollen Bauwerke wurden mit Staatsmitteln gebaut, die unter anderem aus Reparationszahlungen gespeist wurden, die Frankreich nach dem Deutsch-Französischen Krieg leisten musste. Die Wirren des Zweiten Weltkriegs überstand das Empfangsgebäude in Gerolstein weitestgehend unversehrt. In der Nachkriegszeit wurde es dann sukzessive erweitert und befindet sich heute im Eigentum der Verbandsgemeindewerke des Gerolsteiner Landes.

Das ehemals bedeutende Bahnbetriebswerk Gerolstein liegt bei der Einfahrt aus Richtung Köln auf der rechten Seite. Heute sind hier noch der Ringlokschuppen und die Drehscheibe betriebsfähig erhalten. Genutzt wird das Bw als Eisenbahnmuseum, Depot von Museumsfahrzeugen und Veranstaltungsort.

086 521-2 vom Bw Mayen steht anlässlich des Bahnhofsfestes am 27. Juni 1971 in Gerolstein.

211 100-3 wartet am 8. Mai 1986 mit einem Sonderzug von Ulmen nach Pronsfeld im Bahnhof Gerolstein. ▸

12. Februar 1985 im Bahnhof Gerolstein: 86 457 steht mit dem Sonderzug nach Trier auf Gleis 5 bereit, BR 211 fährt gerade mit dem Personenzug von Andernach auf Gleis 4 ein.

215 133 im Jahr 1989 mit einer auf der Eifelstrecke typischen „Silberling"-Garnitur kurz vor dem Bahnhof Gerolstein. ▸

211 100-3

Gerolstein
4
5

◂ Das Bahnhofsgebäude in Gerolstein, von der Gleisseite aus aufgenommen. Auf Gleis 3 wartet eine dreiteilige Schienenbuseinheit.

52 6106 wird mit einem Sonderzug Richtung Daun bereitgestellt.

◂ Nto 7071, gebildet aus 798 706-8, 998 133-3 und 998 823-9 des Bw Trier, steht am 19. September 1990 auf Gleis 3 bereit.

Pelm

Nur zwei Kilometer hinter Gerolstein liegt der Haltepunkt Pelm, ehemals ein größerer Bahnhof mit für die Eifelquerbahn typischem Empfangsgebäude, Güterschuppen, Ladegleis und -straße. Zwei Gleise der Strecke Köln–Gerolstein–Trier führten hier vorbei, allerdings ohne Bahnsteig. Ab 1. Januar 1956 gehörte Pelm bereits zum Bahnhof Gerolstein. Das ehemalige Empfangsgebäude wurde 1975 an ein privates in Pelm ansässiges Unternehmen verkauft und musste kurze Zeit später einer Lagerhalle weichen. Fortan kennzeichnete ein kleines Wartehäuschen den Haltepunkt.

Blick aus dem Schienenbus 798 818 auf den Haltepunkt Pelm am 8. Januar 1991.

Hohenfels

Ein vergleichbares Schicksal wie Pelm ereilte den Bahnhof Hohenfels, sechs Kilometern hinter Pelm gelegen. Der spätere Haltepunkt war einstmals bedeutsam und mit drei Gleisen ausgestattet. Insbesondere das Güterverkehrsaufkommen war aufgrund eines Basaltsteinbruches hoch. Bis 1970 wurde ein Großteil der dortigen Produktion über die Schiene transportiert.

Zum 1. August 1962 wurde Hohenfels dem Gerolsteiner Bahnhof angegliedert. Nachdem der Güterverkehr nach und nach von der Schiene auf die Straße verlegt worden war und das Güteraufkommen in Hohenfels in der Folge nur noch minimal war, wurde der Tarifpunkt zum 1. März 1983 aufgegeben, das Empfangsgebäude 1984 verkauft und der Haltepunkt 1985 ebenfalls mit einem Wartehäuschen ausgestattet.

BR 50 wird im November 1972 zur Verschrottung nach Karthaus gebracht und ist hier hinter dem Bahnhof Hohenfels zu sehen.

211 072-4 macht am 31. Juli 1985 mit einem Personenzug auf dem Weg von Andernach nach Gerolstein im Bahnhof Hohenfels Halt. Von dem ehemaligen Ladekran steht nur noch das Fundament mit Standsäule (rechts), der Kran selbst wurde gestohlen. ▸

BR 798 kommt am 12. Februar 1985 auf dem Weg von Gerolstein nach Daun in Hohenfels vorbei. Rechts ist der Ladekran zu sehen.

Die Schienenbuseinheit 798 706-8, 998 133-3 und 998 823-9 im Bahnhof Hohenfels. ▸

HOHENFELS
211 072-4

HOHENFELS

Dockweiler-Dreis

Nach weiteren zehn Minuten Fahrzeit wird der höchstgelegene Bahnhof (561 m ü. N.N.) der Eifelquerbahn erreicht – der Bahnhof Dockweiler-Dreis, der um 1960 der Dienststelle Daun zugeordnet wurde. Vor allem der Umschlag von Holzladungen bescherte dem Bahnhof Dockweiler für viele Jahre einen geordneten Güterverkehr. Erst zum 2. Juni 1991 wurde der Tarifpunkt aufgegeben, erhalten ist heute nur das Durchfahrtgleis.

050 954-7 mit dem letzten planmäßigen Dampfzug nach Daun bei der Ausfahrt aus dem Bahnhof Dockweiler-Dreis im Mai 1975.

BR 798 fährt am 24. Mai 1985 auf dem Weg von Gerolstein nach Daun unter der Steinbrücke bei Dockweiler hindurch.

Zugkreuzung am 18. August 1987 im Bahnhof Dockweiler-Dreis: 211 029-4 fährt mit einem Güterzug nach Gerolstein und BR 798 nach Daun.

Nto 7071 im Bahnhof Dockweiler-Dreis.

Rengen

Interessant ist der Bahnhof von Rengen, einem Stadtteil von Daun, den man nach weiteren sieben Kilometern erreicht, denn der Bahnhof liegt weit außerhalb des Ortes. Vorgesehen war Rengen einstmals als Abzweigbahnhof für die geplante Strecke Rengen–Kelberg–Adenau. 1905 begannen zwar die Vorarbeiten, zur Ausführung des Baus kam es jedoch aufgrund des Ersten Weltkriegs, der Inflation und der bereits zunehmenden Bedeutung des Güterverkehrs auf der Straße nicht mehr. Auch hier ist nur noch das Durchfahrtgleis erhalten.

050 185-8 ist im Juni 1974 mit einem Güterzug von Daun nach Dockweiler-Dreis unterwegs, hier ist sie bei Rengen zu sehen.

BR 798 am 12. Februar 1985 auf dem Weg von Gerolstein nach Daun, hier bei Rengen.

Der Haltepunkt Rengen.

Daun

Ein weiterer und der bedeutendste Bahnhof bzw. Trennungsbahnhof der Eifelquerbahn war der Bahnhof Daun, der kurz nach der Eröffnung der Strecke am 15. November 1895 offiziell in Betrieb genommen worden war. Der Bahnhof Daun war an die abzweigende Strecke nach Wengerohr angebunden. Am 1. Dezember 1909 war die Zweigstrecke Daun–Gillenfeld eröffnet und 1910 bis Wengerohr verlängert worden. Nach Verlassen des Bahnhofs Daun überquerte sie das markante Viadukt. Die Strecke 263c Daun–Wittlich–Wengerohr wies im Sommerkursbuch 1968 noch fünf durchgehende Zugpaare (werktags außer samstags) aus – auch an Sonntagen gab es vier durchgehende Zugverbindungen bzw. -paare.

Mit der Eröffnung der Gillenfelder Strecke war auch der Ausbau der Gleisanlagen des Bahnhofs Daun verbunden. Ein Hochbehälter diente der Wasserversorgung der Loks und ein zweiständiger Ringlokschuppen insbesondere der Unterbringung der Loks bei Übernachtungen. Der Bahnmeisterei Daun oblag die Überwachung des Unterhalts der Strecken und Bahneinrichtungen. Mit seinen beiden Stellwerken war Daun bis zu deren Auflösung Mittelpunkt der Eifelquerbahn und Zugleitbahnhof sowohl für die Eifelquerbahn als auch für die Strecke Daun–Wittlich. Daun verfügte außerdem als einzige Bahnhofsanlage an der Eifelquerbahn über eine Unterführung. Ferner befanden sich hier Industrieanschlüsse zur Landwirtschaftlichen Hauptgenossenschaft (LHG) und zu den Dauner Burgbrunnen.

Anfang der 1960er-Jahre begann der Rückbau der Anlagen. So wurde zunächst der Lokschuppen abgerissen und Daun schließlich am 1. Juni 1975 als Stückgutbahnhof geschlossen. Im selben Jahr – parallel zur Einstellung des Dampfbetriebs auf der Eifelquerbahn am 31. Mai 1975 – wurde der Wasserkran demontiert. Ebenfalls 1975 wurde die Bahnmeisterei aufgelöst und als Baubezirk der Bahnmeisterei Gerolstein zugeordnet.

Nach weiteren Etappen des schrittweisen Rückzugs wurde 1990 entschieden, dass das Bahnmeisterei-, das Aufenthaltsgebäude sowie die Dieseltankstelle entbehrlich waren.

Mit der Einstellung des Personenverkehrs am 11. Januar 1991 endete der Fahrkartenverkauf im Bahnhof Daun. Bis zum 30. Mai 1992 verblieb lediglich der Expressgut-Versand im Bahnhof, bevor auch der letzte Bahnangestellte offiziell die Dienststelle verließ. Noch im Jahr 1992 wurde das Bahnhofsgebäude verkauft.

Die Unterwegsbahnhöfe Dockweiler-Dreis, Darscheid, Schalkenmehren und Ulmen gehörten bereits ab den 1960er-Jahren zum Geltungsbereich des Bahnhofs Daun.

051 602-1

◂ 051 602-1 ist hier im September 1972 mit einem Güterzug von Mayen bei der Einfahrt in Daun zu sehen.

38 2383 mit einem Sonderzug von Koblenz/Wengerohr am 4. Juni 1972 im Bahnhof Daun.

◂ Aus Mayen kommend, erreicht 050 981-0 im März 1973 mit einem Güterzug Daun.

Hier ist 052 272-2 im Februar 1973 nach HU im Aw Trier auf der Fahrt nach Mayen im Bahnhof Daun zu sehen. ▸

Dieses Bild vom selben Tag zeigt 38 2383 am Dauner Wasserkran und 50 3061 mit einem Sonderzug nach Koblenz.

052 272-2 vom Bw Mayen, diesmal am Wasserkran, und 052 616-0 vom Bw Ehrang, aufgenommen im Mai 1973. ▸

052 272-2

052 616-0

◂ 052 272-2 rangiert mit Güterwagen auf Gleis 1 im Bahnhof Daun, Mai 1974.

BR 798 wartet am 5. Mai 1986 auf Gleis 1 auf Ausfahrt nach Mayen.

◂ BR 50 verlässt im April 1975 mit einem Güterzug den Bahnhof Daun in Richtung Mayen.

215 044-9

211 072-4

◂ 215 044-9 rangiert am 2. August 1985 mit einem Panzerzug im Bahnhof Daun.

215 135-5 rangiert am 16. Januar 1986 mit einem Güterzug aus Ulmen im Bahnhof Daun.

◂ 211 072-4 rangiert im März 1987 mit einem Güterzug bei Kilometer 71,7.

Schienenbuseinheit im Mai 1990 im Bahnhof Daun.

Schienenbuseinheit 798 705 im Bahnhof Daun.

052 167-4 hat im April 1974 nur mit einem Güterzugbegleitwagen den Bahnhof Daun in Richtung Mayen verlassen. Links ist das Dauner Viadukt zu sehen.

Hier ist 052 167-4 im März 1975 mit einem Holzzug unterwegs.

Letzte
050 954-7
Fahrt
31. Mai 1975
Mayen-Daun

◂ 050 954-7 befördert am 31. Mai 1975 den letzten Dampfgüterzug von Daun nach Mayen. Rechts ist das Einfahrtsignal für Züge aus Richtung Andernach zu sehen, im Hintergrund wieder das Dauner Viadukt.

Ein Meisterschuss zwischen zwei Telegrafenmasten: BR 798 ist am 18. Februar 1987 auf dem Weg nach Mayen.

◂ Für die letzte Dampffahrt wurde 050 954-7 mit Ginster und einem Schriftzug an der Rauchkammertür geschmückt. Hiermit endete der Dampfbetrieb auf der Eifelquerbahn.

BR 798 passiert im Februar 1986 in der Gegenrichtung die Straßenbrücke in Daun-Boverath. ►

BR 211 überquert im Januar 1985 mit einem Personenzug nach Gerolstein die Lieserbrücke in Daun-Boverath.

211 100-3 fährt im Februar 1986 mit einem Personenzug von Mayen nach Gerolstein und ist hier bei Wald hinter Darscheid zu sehen. ►

L P
67
4

◂ 051 524-7 ist im Februar 1973 mit einem Güterzug nach Mayen unterwegs. Diese Aufnahme entstand zwischen Daun und Darscheid.

051 462-0 im April 1975 mit einem Güterzug nach Mayen auf der Steigung vor Darscheid.

◂ 050 023-1 ist im April 1973 mit einem Güterzug nach Daun bei Darscheid zu sehen.

Darscheid

Der Bahnhof Darscheid, nur fünf Kilometer hinter Daun auf dem Weg Richtung Mayen-West gelegen, war ein typischer Unterwegsbahnhof mit Haupt-, Neben- und einem Ladegleis. Das Überholgleis blieb für regelmäßige Zugkreuzungen bis zur Aufgabe des Personenverkehrs erhalten.

211 223-3 erreicht am 18. Juni 1985 mit einem Güterzug auf der Fahrt von Ulmen nach Gerolstein den Bahnhof Darscheid.

Einfahrt der dreiteiligen Schienenbuseinheit mit 798 735 an der Spitze.

215 047-2 und 215 038-1 unterqueren am 20. Mai 1985 mit einem Güterzug auf ihrer Fahrt von Ulmen nach Gerolstein die Steinbrücke vor dem Bahnhof Utzerath.

Utzerath und Ulmen

Über den Haltepunkt Utzerath erreichte der Reisende den Bahnhof Ulmen, den ersten Bahnhof im Kreis Cochem. Mit separaten Gleisanschlüssen der Firma Fiand sowie eines Flüssiggaslagers und einem vergleichsweise hohen Fahrgastaufkommen war der Bahnhof Ulmen neben Daun und Kaisersesch einer der wichtigsten Bahnhöfe der Eifelquerbahn.

Ende der 1950er-Jahre wies der Bahnhof aufgrund des Baus der Ulmener Kaserne der Bundeswehr und des Flugplatzes Büchel bei Cochem ein besonders hohes Frachtaufkommen auf, denn Ulmen diente als Umschlagsplatz für die Bau- und Ausrüstungsmaterialien. Ab 1970 dem Bahnhof Daun unterstellt, wurde das Empfangsgebäude 1986 zu Ferienwohnungen umgebaut. Bis zuletzt blieb der Bahnhof Ulmen für Zugkreuzungen vorgesehen.

BR 798 verlässt am 8. Januar 1987 den Bahnhof Utzerath in Richtung Mayen.

◄ BR 50 ist im April 1975 mit einem Güterzug nach Mayen unterwegs und wurde hier vor Ulmen vom Fotografen abgelichtet.

211 083-1 steht am 22. Mai 1985 mit einem Güterzug aus Uersfeld im Bahnhof Ulmen.

◄ Oktober 1974: 050 592-5 wartet mit einem Güterzug auf Einfahrt; BR 795 erreicht, von Daun kommend, gerade den Bahnhof Ulmen.

Bahnhof Ulmen. ►

215 042-3 rangiert am 18. Juni 1985 mit einem Güterzug im Bahnhof Ulmen, während BR 798 auf Ausfahrt nach Mayen wartet.

Güterverkehr auf der Eifelquerbahn: Kreuzung der Nachmittags-Übergabe mit 215 in altroter Farbgebung. ►

Ulmen

Uersfeld, Laubach-Müllenbach und Kaisersesch

Über die Bahnhöfe Uersfeld und Laubach-Müllenbach erreichte der Reisende den Bahnhof Kaisersesch, auf 455 Meter über N.N. gelegen. Aufgrund des großen Einzugsgebiets und der kommunalen Bedeutung des Ortes war der Bahnhof auch für die Eifelquerbahn besonders wichtig. Das Frachtaufkommen wurde bestimmt durch umfangreiche Holztransporte und einen Gleisanschluss der Landwirtschaftlichen Hauptgenossenschaft (LHG).

Im Personenverkehr waren neben dem Pendlerverkehr vor allem Schülerzüge von Bedeutung. Im Winterfahrplan 1990/91 wurden die eigentlich durchgehenden Züge im Bahnhof Kaisersesch gebrochen, wodurch zum Teil lange Wartezeiten entstanden. Diese Maßnahme trug bestimmt nicht dazu bei, dass sich Fahrgäste für die Bahn statt für das Auto entschieden.

051 524-7 steht im Februar 1973 für den Fotografen abgekoppelt im Bahnhof Uersfeld.

798 705 hält bei einer der letzten Fahrten im Bahnhof Uersfeld.

Der Bahnhof Laubach-Müllenbach am 12. September 1990: rechts der abfahrbereite Schienenbus 798 735.

050 981-0
KAISERSESCH

RWZ
Raiffeisen
KAISERSESCH

◂ 050 981-0 macht im Mai 1975 mit einem Güterzug auf der Fahrt nach Daun im Bahnhof Kaisersesch Halt.

Die Einheit 798 706-8, 998 133-3 und 998 823-9 wartet am 19. September 1990 im Bahnhof Kaisersesch auf den Anschluss-VT aus Mayen.

◂ In den letzten Fahrplanperioden wurden die Schienenbusläufe im Bahnhof Kaisersesch gebrochen: Eine Einheit verlässt Kaisersesch um 14.00 Uhr Richtung Monreal, die andere um 14.16 Uhr Richtung Daun.

Urmersbach und Monreal

Hinter dem Bahnhof Kaisersesch geht es über Urmersbach nach Monreal. Der Bahnhof Monreal war ein typischer Durchgangsbahnhof mit Haupt-, Überhol- und Ladegleis. Bekannt ist der Ort für die Löwenburg und den 185 Meter langen Tunnel, der in den Jahren 1892 bis 1894 erbaut wurde.

798 818 im Bahnhof Urmersbach auf der Fahrt Richtung Mayen-Ost.

798 818 am 8. Januar 1991 im Bahnhof Monreal.

Mayen-Ost und Mayen-West

Neben dem Bahnhof Mayen-Ost wurde in Mayen mit dem Bau der Eifelquerbahn ein zweiter Bahnhof, der Bahnhof Mayen-West, eingerichtet. Aufgrund der besseren Lage zum Stadtzentrum – im Vergleich zu Mayen-Ost – sowie der Nähe zum Mayener Gymnasium hatte der Bahnhof bis zur Aufgabe des Personenverkehrs 1991 große Bedeutung.

BR 798 macht am 27. Januar 1986 auf dem Weg von Daun nach Mayen im Bahnhof Mayen-West Halt.

Die Schienenbuseinheit 798 818 kreuzt 628 336 im Bahnhof Mayen-West am 8. Januar 1991.

051 462-0 fährt mit einem Personenzug, von Koblenz kommend, im April 1974 in den Bahnhof Mayen-Ost ein.

24 009 am 8. März 1975 mit einem Sonderzug aus Koblenz im Bahnhof Mayen-Ost.

050 592-5 verlässt im März 1975 mit einem Güterzug Mayen-Ost Richtung Andernach.

BR 212 und BR 50 sind im März 1975 vor einen Personenzug gespannt, der von Mayen-Ost nach Andernach fahren wird.

BR 798 warten am 16. April 1987 auf Gleis 1 und 2 auf neue Einsätze. ►

052 167-4 mit 66 002 und Walsum 5 als Lokzug verlassen am 12. Mai 1975 Mayen-Ost Richtung Andernach.

Schienenbuseinheit 798 818, 998 132 und 998 840 am 8. Januar 1991 im Bahnhof Mayen-Ost. ►

Mayen Ost

GLEIS 1
GLEIS 2

798 818 wird im Januar 1991 im Bahnhof Mayen-Ost bereitgestellt.

3

Die Bahnbetriebswerke Gerolstein und Mayen

Das Bw Gerolstein

Als der Bahnhof Gerolstein 1870 errichtet wurde, entstanden unter anderem auch eine Bahnhofsmeisterei und ein Bahnbetriebswerk, das den Anforderungen des zunehmenden Dampflokbetriebs bald jedoch nicht mehr gerecht wurde. Daher baute man 1912/1913 an dem heutigen Standort ein neues Werk mit einem 15-ständigen Ringlokschuppen und einer 20-Meter-Drehscheibe. Dank der geschützten Lage im Kylltal wurde das Bw während des Zweiten Weltkriegs nur leicht beschädigt und erst bei dem Rückzug deutscher Truppen stark zerstört. Im Mai 1945 konnte in Abstimmung mit den amerikanischen Besatzungstruppen mit dem Wiederaufbau begonnen werden.

Am 5. Januar 1952 waren alle Einsatzstrecken der Gerolsteiner Loks mit Ausnahme der Strecke Gerolstein–Hillesheim wieder in Betrieb. Diese Strecke wurde aufgrund vieler zerstörter Brückenbauwerke und dem gesprengten Hillesheimer Viadukt nicht wieder aufgebaut.

Am 1. April 1952 endete die Selbstständigkeit der Gerolsteiner Dienststelle für einige Jahre, da sie dem Bw Jünkerath angegliedert wurde.

Triebfahrzeugbestand des Bw Gerolstein am 31. Dezember 1958:

- 57 1028, 1346, 1896, 2540, 2668, 3102 (z)
- 93 771, 886, 953, 1148, 1202, 1231
- V36 261
- Außerdem war es Einsatz-Bw für die Jünkerather VT 95.

Im Juni 1966 wurde das Bw Jünkerath aufgelöst. Alle zu dieser Zeit dort beheimateten Dampfloks gingen an das Bw Gerolstein, das somit ein Revival als selbstständige Dienstelle erlebte. Mit der Übernahme des gesamten Jünkerather Diesellok- und VT-95-Bestands wurde das Bw Gerolstein zu einem reinen Diesel-Bw. Dazu kamen elf V100.10 und für zwei Jahre zwei V100.20.

Triebfahrzeugbestand des Bw Gerolstein am 31. Dezember 1972:

- 211 033, 034, 040, 041, 042, 043, 239, 240, 241, 242, 243
- 323 001, 084, 656, 777
- 795 159, 162, 167, 289, 291, 323, 452, 455, 456, 576
- 995 046, 047, 191, 192, 254, 308, 316, 317, 475, 477

Wie die VT 95 kamen auch die V100 (ab 1964) auf der Strecke nach Mayen-Ost zum Einsatz, wo sie einige Dampfleistungen übernahmen.

Am 31. Mai 1977 verlor das Bw Gerolstein seine Selbstständigkeit erneut, der VT-95-Bestand ging an das Bw Trier. Ab 1979 wurden dann die bisher auf der Eifelquerbahn überwiegenden VT 95 (795) durch VT 98 (798) ersetzt – am Einsatz änderte sich hierdurch so gut wie nichts.

Übersicht über den Bestand an 798/998 im Jahr 1987, die auf der Eifelquerbahn zum Einsatz kamen und bereits in Trier beheimatet waren:

- 798 534, 536, 648, 649, 704, 705, 706, 735, 752, 818
- 998 034, 053, 056, 089, 132, 133, 175, 306, 318, 319, 609, 628, 632, 641, 658, 675, 773

In den Jahren zwischen 1987 und 1990 wurden die Schienenbusse in zwei Umlaufplänen eingesetzt, zum einen für einen Solo-Triebwagen auf der Strecke Bullay–Traben-Trarbach und zum anderen für zwei dreiteilige Einheiten.

Triebfahrzeugbestand des Bw Trier (798er Eifelquerbahn) am 31. Dezember 1989:

- 798 705, 706, 735, 818
- 998 034, 053, 056, 132, 133, 823, 840, 857, 914

Die Anlagen des Bw Gerolstein waren nach der Schließung 1977 immer weiter zurückgebaut worden. Für Museumsfahrten blieben verschiedene Bereiche erhalten und in Gebrauch bzw. wurden dafür sogar extra wieder in Betrieb genommen. Bis in die 1990er-Jahre wurden auch noch Instandhaltungsarbeiten ausgeführt. Doch als die Dieseltankstelle 1994 aufgegeben wurde, diente das Bw nur noch der Unterstellung der Loks. Seit 1995 steht es unter Denkmalschutz.

215 033-2, BR 215 (blau-beige) sowie mehrere Personenwagen stehen am 27. April 1986 im Bw Gerolstein.

211 030-2 am 26. Juni 1987 auf der Untersuchungsgrube im Lokschuppen.

Die altrote 215 136 am 19. September 1990 im Bw Gerolstein. Links ist der Ringlokschuppen zu sehen.

Das Bw Mayen

Bereits kurz nach Eröffnung der Strecke gab es erste Versorgungsanlagen zur Bekohlung, zum Ausschlacken und Wasserfassen in Mayen. Wenig später entstand eine Maschinenmeisterei. Um 1910 entstand an der Stelle des Lokbahnhofs Mayen, der sich an der Ostseite des Bahnhofs Mayen-Ost befand, die Betriebswerkmeisterei Mayen als eigenständige Dienststelle. Sie wurde mit einem Ringlokschuppen, einer Drehscheibe sowie Werkstätten und einem Wasserturm ausgestattet.

Die Aufzeichnungen enthalten nur wenige Angaben zur Stationierung der Züge im Bw Mayen bis in die 1920er-Jahre – genauere Angaben liegen zum Fahrzeugeinsatz der Reichsbahn- und Bundesbahnzeit vor.

Die erste Dampflokomotive einer Einheitsbauart bei einem Eifel-Bahnbetriebswerk war 86 003, die am 31. Juli 1928 dem Bw Mayen zugewiesen wurde. Ebenfalls ab Werk folgte wenig später 86 004, die bis zum 25. August 1945 beim Bw Mayen blieb.

Eine Besonderheit im Fahrzeugbestand des Bw Mayen war der als „Schi-Stra-Bus“ bezeichnete Schienen-Straßen-Bus. Dabei handelt es sich um von der Bundesbahn eingesetzte Fahrzeuge, die sowohl als Bus auf der Straße als auch mit speziellen Radsätzen versehen auf dem Gleis verkehrten. Der Planeinsatz des Schi-Stra-Busses begann im Oktober 1954, wobei die Fahrzeuge vermehrt auf der Mosel-Maare-Bahn Daun–Wengerohr und seltener auf der Eifelquerbahn eingesetzt wurden. In Daun wurde der Schi-Stra-Bus ausgegleist, bevor er dann über die Straße nach Adenau fuhr, wo er wieder auf die Gleise wechselte und über die Ahrtalbahn nach Remagen rollte. Bereits zum Sommerfahrplan 1955 war dieses kurze Intermezzo jedoch wieder vorbei und der Einsatz des Schi-Stra-Busses in der Eifel beendet.

Wie das Streckenprofil der Eifelquerbahn zeigt (s. Seite 10), stellten die Nebenbahnen rund um Daun mit Neigungen bis zu 1:35 erhebliche Anforderungen an die eingesetzten Triebfahrzeuge. In Mayen waren für den Personenzugdienst Loks der Baureihe 93.5 (pr T 14.1) beheimatet, die auf allen umliegenden Strecken eingesetzt wurden. Wegen der starken Steigungen um Monreal und Hohenfels kamen im Güterverkehr vorwiegend Loks der Baureihe 57.10 (pr G10) und der Baureihe 50 zum Einsatz, wobei die 50er bis zuletzt auch Personenzüge beförderten. 1953 lösten einige Loks der Baureihe 86 die in die Jahre gekommenen 93.5 ab.

Jünkerather Schienenbusse der Baureihe VT 95 hatten zu diesem Zeitpunkt bereits die meisten Personenzugleistungen auf der Eifelquerbahn übernommen. Auch Mayen erhielt im November 1955 insgesamt sieben VT 95, davon fünf direkt ab Werk. Einige VT 98 kamen kurzzeitig ebenfalls hinzu. VT 95 958 (später VT 95 9158) war der erste Schienenbus auf der Eifelquerbahn.

Triebfahrzeugbestand des Bw Mayen am 31. Dezember 1958:

- 50 1832, 1927, 3071, 3098, 3140
- 57 1200, 1763, 2106, 3022, 3193, 3382
- 86 526, 533, 765, 792, 842
- 93 741 (z)
- Ferner VT 95 und VT 98

Die beschriebene Umstellung des Zugbetriebs auf moderne Fahrzeuge führte dazu, dass zwischen 1950 und 1955 alle Nebenbahnen im Kreis Mayen und Daun auf den vereinfachten Zugbetrieb umgestellt worden waren. Dies wurde durch den Einsatz zunächst der VT 95 und später der VT 98 (später Baureihe 798) möglich. So bestand der Zugbetrieb im Personenverkehr der 1960er-Jahre vor allem aus Schienenbuseinheiten, die sowohl Schüler zu ihrer Schule als auch Berufspendler zu ihrem Arbeitsplatz und natürlich Touristen zu ihren Hotels brachten.

Ende der 1960er- und zu Beginn der 1970er-Jahre war das Bw Mayen ein Einsatz-Bw der Baureihen 50, 86 und 94, die sowohl im Güterzugdienst als auch vereinzelt im Personenzugdienst zum Einsatz kamen. Die 94er waren unter anderem mit verschiedenen Rangieraufgaben betraut.

In den 1970er-Jahren begann die Zeit der großen Veränderungen des Dampfbetriebs im Eifeler Raum, somit auch im Bw Mayen, das damals noch letztmalig unter der BD Saarbrücken geführt wurde.

Bestand des Bw Mayen am 1. Januar 1971:

- 50 108, 563, 647, 970, 1602, 2272, 2442, 2532, 2712

Während 50 563, 970 und 2532 bereits im Aw Trier abgestellt waren und auf ihre Aufarbeitung warteten, die jedoch nicht mehr ausgeführt wurde, wurden drei der verbliebenen sechs 50er planmäßig im Güterzugdienst zwischen Andernach und Daun auf der Eifelquerbahn und die anderen drei im 50/86er-Mischplan des Bw Mayen eingesetzt.

Außerdem waren am 1. Januar 1971 die folgenden sechs Maschinen noch buchmäßig beim Bw Mayen gemeldet, wovon eine z-gestellt war:

- 86 182, 200, 201, 543, 809, 842z

Die Maschinen bespannten in einem fünftägigen 50/86-Umlauf die meisten lokbespannten Personenzüge zwischen Mayen und Andernach sowie zwischen Mayen und Koblenz. Sie kamen aber auch vor Güterzügen nach Andernach, Koblenz-Lützel und Daun (selten) zum Einsatz.

50 2712 ging am 15. Februar 1971 nach Ehrang, dafür kam 50 2537 am 10. März 1971 von Saarbrücken nach Mayen. Zudem wurden am 14. Mai die folgenden acht Maschinen aus Hamburg-Rothenburgsort Mayen zugeteilt: 50 023, 047, 214, 296, 545, 592 und 829. Mit diesen Maschinen wurden alle Leistungen der Mayener Tenderloks der Baureihen 94 und 86 übernommen, im Besonderen die Personen- und Güterzüge von Mayen nach Andernach und Koblenz Hbf (ein Personenzugpaar) sowie die Rangierdienste in Andernach und Kruft. Dies hatte einschneidende Veränderungen im Bestand des Bw Mayen zur Folge, denn alle Loks der BR 86 sollten im Zuge der neu eingetroffenen 50er aus Hamburg-Rothenburgsort abgegeben werden.

Am 26. Februar 1971 kam die letzte betriebsfähige Saarbrücker 86, 86 521, hinzu. 86 200 wurde am 21. April z-gestellt und zusammen mit der z-Lok 842 am 2. Juni ausgemustert.

Im Mai 1971 wurden die 86er von den zusätzlich nach Mayen gekommenen 50er abgelöst. 86 182, 521 und 543 wurden anschließend an das Bw Ehrang verliehen und auf dem dortigen Rangierbahnhof im Verschub eingesetzt.

Am 12. August 1971 erfolgte die Umstationierung der 86 182, 201, 521, 543 und 809 zum Bw Nürnberg Rangierbahnhof, wobei die Maschinen zunächst im Bw Koblenz-Mosel abgestellt wurden.

Auch die letzten drei am 1. Januar 1971 buchmäßig noch dem Bw Mayen zugeteilten 94er wurden am 13. Mai an das Bw Hamburg-Rothenburgsort abgegeben – 94 937, 1712 und 1720.

Das Hauptaufgabengebiet der 94er bestand in Güterzugleistungen im Raum Kruft, Polch, Niedermendig, Ochtendung, Andernach und Koblenz-Lützel, die in einem zweitägigen Umlauf von Montag bis Samstag erbracht wurden. Ab und an übernahmen 94er Personenzüge zwischen Mayen–Andernach und Mayen–Koblenz, falls eine 86er in diesem Plan ausfiel.

Im Winterfahrplan 1971/72 wurden ein Personenzugpaar zwischen Mayen-Ost und Koblenz Hbf sowie acht Personenzüge (davon einer an Samstagen in Doppeltraktion) zwischen Mayen-Ost und Andernach von den 50ern bespannt.

Die Dampflokeinsätze auf der Eifelquerbahn sahen mit den einschneidenden Veränderungen des Jahres 1971 ab dem 1. Januar 1972 komplett verändert aus. Hinzu kam die organisatorische Veränderung des Jahres 1971, die darin bestand, dass das Bw Mayen nicht mehr zur BD Saarbrücken, sondern zum Einzugsgebiet der BD Köln gehörte.

Die Dampfeinsätze im gesamten Eifelraum und somit auch auf der Eifelquerbahn wurden ab dem 1. Januar ausschließlich von 50ern erbracht.

Zum 1. Januar 1972 befanden sich die folgenden Dampflokomotiven beim Bw Mayen:

- 50 023, 047, 108, 214, 296, 545, 592, 647z, 1602, 2272, 2537

Die Nahverkehrszugdienste nach Andernach erhöhten sich im Sommerfahrplan auf neun. Zusätzlich wurde der N4609 von Laubach-Müllenbach nach Mayen-Ost auf der Eifelquerbahn bespannt. Im Winterfahrplan 1972/1973 blieben die Leistungen unverändert.

50 647z wurde am 18. April 1972 ausgemustert. 50 454 traf die Z-Stellung am 8. Juni (am 8. November ausgemustert), 50 214 am 22. September und 50 108 am 28. September (beide am 21. Dezember ausgemustert).

Als Ersatzloks wurde am 5. Januar 50 981 aus Hohenbudberg, am 8. Juni 50 142, am 1. Oktober 50 2192 und am 26. Oktober 50 088 zugewiesen – alle vom Bw Koblenz-Mosel – sowie am 6. Oktober 50 1462 vom Bw Mannheim.

Der Bestand des Bw Mayen am 31. Dezember 1972:

- 050 023, 047, 088, 142, 296, 592, 981
- 051 462, 602
- 052 192, 272, 537
- 323 157, 348, 466
- 795 134, 163, 194, 290, 392, 416, 451, 594
- 995 023, 026, 055, 227, 307, 313 (z), 315, 570

Neben Ottbergen war Mayen eines der letzten ländlichen Bw mit Dampflokbeheimatung, die offiziell erst am 31. Mai 1975 endete.

Im Winterfahrplan 1974/75 fuhren dann die Mayener 50er ihre letzten Einsätze. So war der N4294, der immer kurz nach 17.00 Uhr Koblenz in Richtung Mayen verließ, eine Leistung. Mit Ausnahme dieser Leistung wurden bereits alle übrigen Leistungen dieser Strecke mit Schienenbussen der Baureihe 798 bedient.

Haupteinsatzgebiet der 50er in den letzten Monaten vor dem 31. Mai 1975 war die Strecke Mayen–Andernach.

An Himmelfahrt des Jahres 1975 fand eine größere Dampfveranstaltung – quasi als Abschied – in der Eifel statt. Zu diesem Anlass kamen Exponate aus Bochum-Dahlhausen, ebenso 23 076 mit 18 505 im Schlepp nach Mayen.

Den letzten Dampfzug ab Koblenz bespannte am 30. Mai 1975 die ehemalige Koblenzer 050 185. Am darauffolgenden Samstag, dem 31. Mai 1975, verkehrte schließlich der letzte planmäßige Dampfzug mit einer Mayener 50er, ein Güterzug auf der Eifelquerbahn von Mayen nach Daun und zurück. Zuglok war die ehemalige Koblenzer Lok 050 954. Der Zug wurde über Daun hinaus verlängert und brachte noch einen FC-Wagen als Übergabe von Daun nach Dockweiler-Dreis. Dort wurde der Muldenkipper abgehängt und der Begleitwagen umgesetzt, bevor es nach Daun und Mayen zurückging, wo gegen 17.00 Uhr letztmalig das Heimat-Bw erreicht wurde. Die letzte Dampfleistung auf der Eifelquerbahn war unwiderruflich erbracht.

Schon mit dem darauffolgenden Montag, dem 2. Juni 1975, übernahmen Koblenzer 212, Limburger 216 und Trierer 798 die Leistungen der Mayener Dampfloks.

Drei 50er waren in der Woche ab dem 2. Juni noch vor Bauzügen im Raum Koblenz und Neuwied im Einsatz, bevor sie dann nach Stolberg und Lehrte abgegeben wurden. Der Fahrzeugbestand des Bw Mayen beinhaltete nun nur noch Schienenbusse und Kleinloks. Doch auch die Mayener Schienenbusse überlebten die 50er nur um wenige Jahre, denn 1978 wurden alle Schienenbusse und Kleinloks abgegeben und das Bw Mayen geschlossen.

094 937-0 im März 1971 auf dem Behandlungsgleis des Bw Mayen.

094 937-0 rangiert im März 1971 im Bw.

086 201-1 rangiert im März 1971 mit Güterwagen.

052 272-2 rangiert im August 1972 beim Lokschuppen.

050 592-5 im Februar 1973 auf dem Abstellgleis.

052 167-4 im April 1974 auf der Drehscheibe.

050 023-1 im April 1974 an der Kleinbekohlungsanlage.

052 484-3 wartet im April 1974 auf den nächsten Einsatz.

April 1974: 052 484-3 links am Wasserkran und 050 296-3 abgestellt als Reservelok.

050 185-8

◂ 050 185-8 im Juni 1974 auf der Drehscheibe.

052 428-0 im Oktober 1974 mit Wannentender und offenem Führerhaus.

◂ 052 167-4 wartet im Oktober 1974 auf einen neuen Einsatz.

Blick am 8. März 1975 auf das Bw Mayen mit BR 795, BR 50 und BR 323, dahinter ist der Lokschuppen zu sehen.

051 462-0 im März 1975 auf der Drehscheibe.

050 023-1 wartet im März 1975 vor den Behandlungsanlagen.

023 076-3, 044 508-0 und Walsum 5 am 8. Mai 1975 auf dem Entschlackungsgleis.

052 167-4 und 023 076-3 sind am 10. Mai 1975 zum Wasserfassen im Bw Mayen.

18 505, 064 415-3 und Walsum 5 neben 052 428-0 am 12. Mai 1975 auf einem Abstellgleis.

3

Persönliche Erinnerungen

Fahrt am 19. September 1990

Es war schon ein großartiges Erlebnis, die Strecke der Eifelquerbahn zu bereisen, kurz bevor die Einstellung des Personenverkehrs bevorstand. Noch einmal war alles wie früher …

Die Fahrt beginnt im Bahnhof Gerolstein. Nach einem kurzen Besuch des Betriebswerks stehen wir am Bahnsteig. Pünktlich um 9.53 Uhr fährt der N7058 im Bahnhof Gerolstein ein – die 798/998-Einheit besteht aus 798 706-8, 998 133-3 und 998 823-9 des Bw Trier. Gefahren wird sie von einem erfahrenen Triebfahrzeugführer, der die Eifelquerbahn seit Jahren gut kennt.

Pünktlich um 10.10 Uhr verlässt N7071 den Bahnhof Gerolstein, um nach kurzer Zeit von der Eifelstrecke auf die landschaftlich so reizvolle Eifelquerbahn abzubiegen – Zeit für ein erstes Gespräch mit dem Triebfahrzeugführer: Im September 1990 war neben der bevorstehenden Einstellung des Personenverkehrs auch die Geschichte der Eifelquerbahn Thema. Während der beiden Weltkriege erfüllte die Bahnstrecke die Funktion als Nachschublinie für die militärischen Aktivitäten in Frankreich. In den 1980er- und beginnenden 1990er-Jahre waren die oftmals weitab der Ortschaften gelegenen Bahnhöfe eine große Herausforderung für die Akzeptanz und somit den Fortbestand der Strecke. Der Triebfahrzeugführer wies auf die gute Auslastung vor allem im Schülerverkehr hin. Ansonsten fuhr der Schienenbus häufig mit nur wenigen Passagieren, wie auch an diesem Morgen des 19. September. Für unseren Triebfahrzeugführer war die Festlegung der Geschwindigkeiten auf 30 km/h, obwohl aufgrund des Oberbaus auch 50 km/h möglich und zulässig gewesen wären, eine Überlegung, die man im Betriebsdienst nur wenig nachvollziehen konnte. Hinzu kam, dass die Schienenbusse bereits damals zumeist 30 bis 40 Jahre im Betriebsdienst standen, zwar günstiger im Unterhalt, jedoch hinsichtlich des Komforts nicht mehr zeitgemäß waren. Auch 1990 zeigten sich diese Herausforderungen in nur wenigen Kilometern Fahrt.

Gerolstein liegt mittlerweile hinter uns und über Pelm, Hohenfels, Dockweiler-Dreis und Rengen erreichen wir den Bahnhof Daun nach einer Fahrzeit von etwa 39 Minuten pünktlich um 10.49 Uhr. Daun verlassen wir um 13.00 Uhr und fühlen uns dabei nochmals in die Beförderung versetzt, wie sie bereits seit den 1950er-Jahren auf der Eifelquerbahn abläuft.

Über Darscheid, Utzerath, Ulmen, Uersfeld und Laubach-Müllenbach kommen wir um 13.46 Uhr in Kaisersesch an. Hier müssen wir umsteigen und auf den Gegenzug warten, der kurz nach unserem Zug einfährt und uns um 14.02 Uhr nach Gerolstein zurückbringen soll. Der N7070 wird von einer Schienenbuseinheit aus 798 735-7 mit Mittel- und Steuerwagen (998) gebildet – um 14.06 Uhr geht es schließlich zurück nach Gerolstein, wo wir planmäßig um 15.33 Uhr eintreffen.

◂ Bei der Ausfahrt des 798 vorbei am Bw Gerolstein blicken wir dem Triebfahrzeugführer über die Schulter.

Streckenaufnahme zwischen Pelm und Hohenfels.

◂ Eine Schienenbuseinheit, abgestellt im Bahnhof Gerolstein.

Schienenbuseinheit bei der Steigungsfahrt Richtung Hohenfels. ►

Der Schienenbus wartet im Bahnhof Hohenfels auf die Ausfahrt mit Nto 7071.

Gebäude und Bahnhofsgelände des Bahnhofs Daun. ►

Kurz vor Einstellung des Personenverkehrs am 11. Januar 1991

Für die übrig gebliebenen Trierer Schienenbusse bestanden in diesen letzten Tage der Eifelquerbahn noch zwei Pläne: zum einen für einen Solo-Triebwagen, der täglich zwischen Bullay und Traben-Trarbach pendelte (KBS 621), und zum anderen für zwei dreiteilige Einheiten. Diese befuhren von Montag bis Freitag die Strecke Gerolstein–Daun–Mayen-Ost (KBS 602) sowie einmal täglich als Nto 6526 die KBS 430 Gerolstein–Jünkerath. Busverbindungen wurden bereits parallel dazu angeboten.

Am 15. Oktober 1988 hatte die CDU-Mehrheit im Dauner Landtag für die Einstellung des Personenverkehrs gestimmt, nachdem ein Ersatzkonzept des Busverkehrs vorgelegt worden war. Heftigen Protest gab es seitens der SPD und zahlreicher Anliegergemeinden, die unter anderem große Probleme bei der Bewältigung des Schülerverkehrs sahen. Nach einem

Ankunft des Nto 7071 im Bahnhof Kaisersesch.

Vorschlag des AK Schienenverkehr Rheinland, den neu eingesetzten Triebwagen 628.2 bis Gerolstein und weiter über die Eifelstrecke laufen zu lassen, führte neben einem Antrag auf Modernisierung der Eifelquerbahn, eingebracht im Mainzer Landtag, dazu, die ursprünglich für den Sommerfahrplan 1989 vorgesehene Stilllegung zu verschieben. Jedoch zeigte die BD Saarbrücken sehr klar, wie der Schienenverkehr auf der Eifelquerbahn bewertet wurde. So wurden die Züge in Kaisersesch gebrochen – das heißt, die zwei noch im Einsatz befindlichen Schienenbuseinheiten trafen sich in Kaisersesch – für eine Fortsetzung der Fahrt musste der Fahrgast in den auf dem Gleis gegenüber wartenden Schienenbus umsteigen. Auch wurden in Gerolstein häufig Anschlüsse nicht erreicht oder es kam zu langen Wartezeiten.

Schließlich stimmte die Landesregierung in Mainz am 21. Februar 1990 der Stilllegung zu – die Zustimmung des DB-Verwaltungsrats folgte am 11. April. Zum Winterfahrplan 1990/1991 sollte endgültig Schluss sein.

Dass es nicht dazu kam, verdanken viele Eisenbahnfreunde einem Formfehler im Stilllegungsantrag, der zu einiger Verzögerung führte. Auch der Wahlkampf Ende des Jahres 1990 trug zu der Verschiebung der Stilllegung auf den 11. Januar 1991 bei. Die DB verlor somit nicht noch kurz vor Beginn der Weihnachtsferien in Rheinland-Pfalz eine weitere Strecke.

Am 12. und 13. Januar 1991 nahmen viele Freunde der Eisenbahn bei Sonderfahrten Abschied von der Strecke teil.

Wie sah die Situation nach dem 11. Januar aus?

Der Güterverkehr blieb der Eifelquerbahn auf Teilabschnitten zunächst erhalten. Besonders die Holzverladung rettete die Stationen Dockweiler-Dreis und Laubach-Müllenbach. Durch die Einstellung des Personenverkehrs verlor der Abschnitt Uersfeld–Laubach-Müllenbach allerdings seinen Gesamtverkehr. Von Mayen aus war der Güterverkehr bis Kaisersesch gesichert.

Der Westteil der Strecke wurde von Gerolstein aus bis Uersfeld bedient, wobei die Züge ab Sommer 1991 nur noch bis Ulmen fuhren. In Ulmen gab es unter anderem aufgrund des Bundeswehrstützpunktes noch einen regen Güterumschlag, wohingegen der Güterverkehr in Daun praktisch nicht mehr existierte.

Letzte Fahrt mit dem Schienenbus

Gerolstein - Daun - Mayen

Sonntag, 13. Januar '91

Fahrplan

Gerolstein	ab	10.05 h	an	16.33 h
Dockweiler	↓	10.40 h	↑	16.13 h
Daun	↓	11.00 h	↑	14.55 h
Ulmen	↓	11.20 h	↑	14.29 h
Kaisersesch	ab	11.40 h	an	14.00 h
Mayen	an	12.19 h	ab	13.30 h

Fahrpreise
für Hin- und Rückfahrt

35,- DM
30,- DM
25,- DM
20,- DM
15,- DM

Kinder bis 12 Jahre
zahlen die Hälfte

****

Nutzen Sie die letzte Gelegenheit, eine Schienenbusfahrt auf der Eifelstrecke Gerolstein - Daun - Mayen zu unternehmen. Der Personenverkehr auf dieser Strecke wird mit diesem Tage endgültig eingestellt.

****

Zu dieser letzten Fahrt laden die Eisenbahnfreunde Vulkaneifel ein. Der Schienenbus ist bewirtschaftet.

Da nur begrenzte Platzzahl vorhanden ist, sichern Sie sich die Fahrkarten im Vorverkauf beim:

Verkehrsamt Gerolstein, Verkehrsamt Daun
und bei der Buchhandlung Werner Daun

Wenige Tage vor Einstellung des Personenverkehrs wartet eine Schienenbuseinheit im Bahnhof Gerolstein.

Nto 7071, gebildet aus 798 705, 998 034 und 998 914, am 8. Januar 1991 im Bahnhof Dockweiler-Dreis.

Ausfahrt des Nto 7071 am selben Tag in Richtung Daun.

Die Schienenbuseinheit macht im Bahnhof Rengen Halt. Rechts ist der Ort Rengen zu sehen.

Bahnhof Darscheid am 11. Januar 1991.

Typische Kreuzungssituation kurz vor Einstellung des Personenverkehrs im Bahnhof Kaisersesch. In den letzten Monaten des Betriebs wurden die Züge hier gebrochen.

Wartender 628 336 im Bahnhof Mayen-West am 8. Januar 1991.

4

Sonderanlässe

Die Zeit nach dem regulären Verkehr

Auch wenn mit dem offiziellen Ende des Personenverkehrs am 11. Januar 1991 erst einmal ruhigere Zeiten einkehrten, dauerte der Dornröschenschlaf der Personenbeförderung auf der Eifelquerbahn nicht lange …

Im Jahr 2000 begannen die Planungen für einen Touristikverkehr, der im Frühjahr 2001 aufgenommen werden konnte und zahlreichen Gästen das Erlebnis Eifelquerbahn an den Wochenenden ermöglichte. Wie in den Jahren nach dem Zweiten Weltkrieg schaukelte man durch die Vulkaneifel – und konnte die weich geschwungene Landschaft der Eifel aus dem Schienenbus genießen.

Außerdem gab es die jährlich von vielen Eisenbahnfreunden mit Freude erwartete Dampffahrt in die Eifel, die zumeist an einem April-Wochenende stattfand und vom AKE (Arbeitskreis Eifelbahnen) organisiert wurde, aber auch weitere Sonder- und Jubiläumsfahrten, bei denen wieder reger Betrieb auf der Strecke herrschte.

Sonderfahrt am 30. Mai 1993

Im Mai 1993 war 38 1182, seit 1971 Traditionslok der DR Ost im Bestand des Verkehrsmuseums Dresden und seit 1.September 1992 Museumslok des DB Museums Nürnberg/Leihgabe an das Eisenbahnmuseum Arnstadt, die Zuglok des Sonderzuges, der in Gerolstein startete. Nach wenigen Kilometern hatte die 38, eine Dampflok, die vorwiegend für die leichten Mittelgebirgsstrecken ausgelegt war, vor Dockweiler-Dreis bei der Steigung hinein in die Höhen der Vulkaneifel stark zu kämpfen. Im ersten Anlauf verlor die 38er diesen „Kampf“. Der gesamte Zug musste einen Halt einlegen. Die Wettersituation an diesem Tage erschwerte das erneute Anfahren – es hatte geregnet und war nach wie vor sehr unwirtlich. Erst das Auflegen von Sand auf die Schienen erlaubte es der Lok im dritten Anlauf, den Zug langsam fortzubewegen und wieder Fahrt aufzunehmen. Weiter ging es dann bis nach Kaisersesch. Hier fanden umfangreiche Rangierbewegungen im Bahnhof statt – und vor allem besserte sich das Wetter.

38 1182
DAUN
DF

◂ 38 1182 steht am 30. Mai 1993 im Bahnhof Daun bereit.

Im Bahnhof Kaisersesch wird er von zahlreichen Eisenbahnfans begutachtet.

◂ Hier ist der Sonderzug auf der Strecke bei Darscheid zu sehen.

Sonderfahrt am 8. Oktober 1994

Auch 1994 stand eine Sonderfahrt an, ebenfalls vom Arbeitskreis Eifelbahnen organisiert. Diesmal ging es von Koblenz über Andernach, Mayen-Ost, Gerolstein, Eukirchen, Köln Hbf, Troisdorf, Königswinter und Linz nach Neuwied und anschließend retour nach Koblenz.

Am Morgen des 8. Oktober 1994 übernahm die Dampflok 94 1292 Rangieraufgaben in Mayen-Ost. Somit war nach mehr als 23 Jahren wieder eine 94er nach Mayen gekommen. Wie bereits geschildert waren die letzten drei 94er am 13. Mai 1971 nach HH-Rothenburgsort umstationiert worden.

94 1292 bereitete sich also bereits auf den Schublokeinsatz für den erwarteten Sonderzug vor, der Mayen-Ost etwas verspätet erreichte. Planmäßige Abfahrt wäre 9.20 Uhr gewesen – mit Verspätung ging es dann in der Lokkombination 58 311-24009 (Doppeltraktion) und 94 1292 (Schublok) in Richtung Gerolstein.

Wir begegneten diesem imposanten Sonderzug unterhalb der Festung Monreal erneut. Einige Zeit später und bereits kurz vor der Einfahrt nach Gerolstein, wo an diesem Tage ein Dampfloktreffen stattfand, erwischten wir ihn nochmals oberhalb Pelm bei Dockweiler-Dreis.

An dieser Stelle verlassen wir den Sonderzug, der dann um 17.05 über Euskirchen–Köln und die rechte Rheinstrecke nach Koblenz zurückfuhr. Koblenz sollte um 21.44 Uhr erreicht werden.

94 1292 bei der Bereitstellung als Schublok des Sonderzuges.

94 1292 vor dem Stellwerk Mayen-Ost.

94 1292 wie in alten Zeiten im Verschiebedienst in Mayen-Ost.

Die Kühe im Vordergrund ließen sich durch das Ereignis des vorbeifahrenden Dampfzuges nur unwesentlich beeindrucken – die Begeisterung vieler Eisenbahnfreunde hingegen war sehr groß. Die Aufnahme entstand bei Dockweiler-Dreis.

33

Der Sonderzug – geführt von 58 311 und 24 009 – mit der Schublok 94 1292 unterhalb der Burg Monreal.

Jubiläum der Strecke – 100 Jahre Eifelquerbahn

Nur etwas mehr als vier Jahre nach der Einstellung des Personenverkehrs auf der Eifelquerbahn kehrte große Aktivität auf die Strecke zurück – anlässlich des 100. Jubiläums der Strecke Mayen–Gerolstein, die am 15. Mai 1895 eröffnet worden war.

Fast genau 100 Jahre später fanden am 20. und 21. Mai 1995 die offiziellen Jubiläumsfeierlichkeiten der Deutschen Bahn AG mit einer Fahrzeugausstellung im Bahnhof Mayen-Ost und zahlreichen Sonderfahrten statt.

Für eine dieser Fahrten wurde eine Kombination eingesetzt, wie sie häufig von den 1960er-Jahren bis 1970/71 auf der Eifelquerbahn anzutreffen war – ein Personenzug, gezogen von der DB-Museumslok 86 457. Um 15.20 Uhr verließ der Sonderzug Mayen-Ost in Richtung Kaisersesch. Dort konnten wir 86 457 um 16.15 Uhr beim Wassernehmen beobachten, bevor die Zugkombination um 16.40 Uhr die Rückfahrt nach Mayen-Ost antrat.

Die Bespannung des letzten Sonderzugs an diesem Tag, der um 17.42 Uhr nach Andernach fuhr, übernahm 86 457 mit der vorgespannten 221 135 in Altrot.

Für die Fahrzeugausstellung hatten sich die altrote 216 221 und 211 023 des Bw Darmstadt in Mayen-Ost eingefunden. Letztere war bereits 1995 eine der letzten altroten Dieselloks und als Museumslok vorgesehen. Ebenfalls im Bahnhofsbereich abgestellt war der Museumsschienenbus 795 240 sowie 995 des Betriebshofs Karlsruhe.

Darüber hinaus befanden sich 221 116 (altrot), V200 002 (Museumslok), 213 340 (bereits neurot), 365 404 (Bh Köln-Deutzerfeld) und der Triebwagen der Deutschen Reichsbahn VT 137 099 im Bahnhof Mayen-Ost.

86 457 im Bahnhof Kaisersesch.

100 Jahre Strecke Mayen - Gerolstein

Tage der DB in Mayen

Samstag den 20. und Sonntag den 21. Mai 1995, 9.00 bis 18.00 Uhr

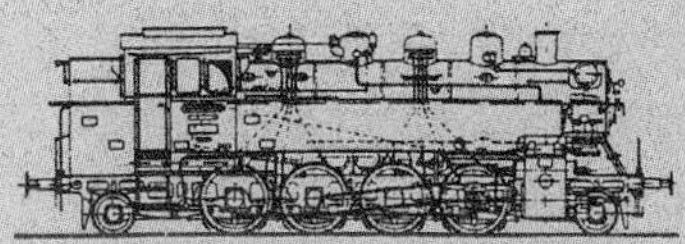

Fahrzeugausstellung im Bahnhof Mayen Ost, Gleis 1
- **Streckendiesellok** BR 212, 213 und 216
- **Großdiesellok** BR 221
- **Rangierdiesellok** BR 364 / 365, 290, 323
- **Schienenbus** VT 95 und VT 98
- **Historischer Triebwagen** VT 137

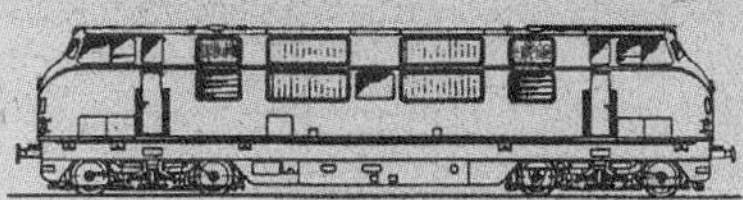

Sonderfahrten mit modernen und histor. Fahrzeugen
- Andernach - Mayen u.z. nach besonderem Fahrplan (s. Rückseite)
- Mayen - Kaisersesch u.z. nach besonderem Fahrplan (s. Rückseite)
- **Fahrpreis:** Erwachsene DM 13,00, Kinder: DM 7,00

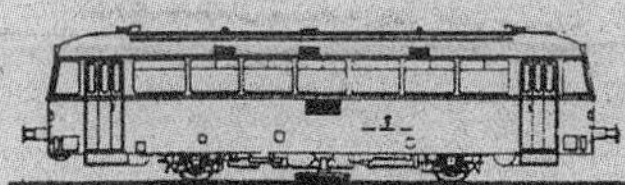

Weitere Aktivitäten
- Eisenbahn - Souvenirs- und Informationsstände
- Foto - Ausstellung
- Musikalische Unterhaltung
- Verlosung und Tombola
- Rahmenprogramm

Sonderzug - Fahrkarten (DM 13,00 Erw. / DM 7,00 Kinder)
- im Vorverkauf bei:
- DB - Reisezentrum Koblenz, Andernach, Mayen
  Reisebüro Bell, Mayen
- an beiden Tagen:
  in den Zügen
  DB - Reisezentrum Koblenz, Andernach, Mayen
  an den Verkaufsständen in Andernach und Mayen

Fahrkarten des Angebotes „Schönes Wochenende" werden während der Veranstaltung auf der Strecke Andernach - Gerolstein außerhalb des Regelverkehrs nicht anerkannt !
Veranstalter: DB AG, Geschäftsbereich Personenbahnhöfe, Niederlassung Koblenz, Bahnhofsplatz 2, 56068 Koblenz

Mit freundlicher Unterstützung: Löwenbrauerei Mayen • Fa. Rathscheck & Söhne • DRK Mayen
Fa. Stein Tiefbau • Reisebüro Bell • Freiwillige Feuerwehr Mayen • Autohaus Schmitt
Freunde der Burgfestspiele • Mc Donald`s

Sparda-Bank

Das Wasser des Lebens

212 023-6

212 023-6
DB
212 023-6

◂ Fahrzeugausstellung mit 212 023 und angehängten Personenwagen im Bahnhof Mayen-Ost.

Auch VT 137 war Teil der Ausstellung.

◂ Nahaufnahme von 212 023 in Altrot.

795 240 war ebenfalls in Mayen-Ost zu Gast.

„175 Jahre Deutsche Eisenbahn“ im Bw Gerolstein

Viele Jahre nachdem der Wochenendverkehr auf der Eifelquerbahn wieder aufgenommen worden war, kündigte sich ein weiteres Großereignis an: An den Ostertagen des Jahres 2010, also vom 2. bis 6. April, war das ehemalige Bw Gerolstein Mittelpunkt des Dampfspektakels „Plandampf 2010“ und zugleich einer der Veranstaltungsorte für die Feierlichkeiten zum Jubiläum „175 Jahre Deutsche Eisenbahn“.

In diesen Tagen war ein umfangreiches und logistisch anspruchsvolles Programm mit Plandampf- und Sonderzügen auf vielen umliegenden Strecken in Rheinland-Pfalz geplant: Es fanden Sonderfahrten auf der Moselbahn, der Eifelbahn Köln–Trier, der Saar-Strecke, der Mosel-Syretal-Strecke, der Moseltalbahn, der Strecke Bullay–Traben-Trarbach und nicht zuletzt auf der Eifelquerbahn statt. Abgerundet wurden die Feierlichkeiten von vielen überregionalen Sonderzügen.

Offiziell begann das Dampfspektakel am 1. April 2010 mit der Einfahrt von P8 Posen 2455 in das DB-Regio-Werk Trier. Eröffnet wurde es mit Ansprachen von DB-AG-Chef Rüdiger Grube, dem rheinland-pfälzischen Verkehrsminister Hendrik Hering sowie von Udo Wagner, Leiter der DB Regio Region Südwest.

Trotz des schlechten Wetters fanden sich in den ersten Tagen 100.000 Besucher an den Veranstaltungsorten ein – man kann davon ausgehen, dass nochmals 100.000 Besucher an den Strecken und Bahnhöfen an der Veranstaltung teilnahmen.

Aber zurück zum Bw Gerolstein und vor allem dem Sonderzugverkehr auf der Eifelquerbahn: Unter Mitwirkung der VulkanEifelBahn GmbH und des VDMT e.V. wurde eine Bahn-Event 175 UG gegründet, die alle Aktivitäten im Frühjahr 2010 in Rheinland-Pfalz koordinierte.

Der Morgen des letzten Veranstaltungstages am 6. April 2010 versprach ein wundervoller und sonniger Tag zu werden. Ausgangspunkt war ein Besuch im BW Gerolstein. Im historischen Rundlokschuppen warteten bereits 52 6101, 58 311, 50 2740, 52 8134, 41 018 und 38 1772 auf ihre Einsätze. Nach den Dampfloksonderfahrten kam 38 1772, die letzte Lok dieser Baureihe im Bestand der damaligen Deutschen Bundesbahn, erneut auf der Eifelquerbahn zum Einsatz. Die ehemalige Preußin wurde ergänzt durch 78 468, die ebenfalls zahlreiche Sonderzüge auf der Eifelbahn und auch auf der Eifelquerbahn bespannte.

So war es 78 468, die ihren Personenzug aus Vierachser- und einem Dreiachser-Umbauwagen über die Eifelquerbahn beförderte. Um 13.25 Uhr konnten wir die Ausfahrt des Zuges in Richtung Ulmen beobachten.

Auch 50 2740 war mit einem Sonderzug auf der Strecke zu beobachten, der wie bei 78 468 in den 1950er- und 1960er-Jahren häufig auf der Eifelquerbahn zu sehen gewesen war.

Der Tag in Gerolstein endete mit der Ausfahrt eines Plandampfzuges auf die Eifelstrecke, bespannt mit 41 360.

Sonderfahrt: Gerolstein–Ulmen–Gerolstein

Verkehrstage		2.-5. April	2. April	2.-5. April	2.-5. April	6. April	2.-5. April		6. April	2.-5. April	
Traktion		Diesel	Dampf	Dampf	Dampf	Dampf	Dampf	Dampf	Dampf	Dampf	Dampf
Gerolstein	ab	9:25	10:00	10:25	11:25	11:25		13:25	13:25		15:25
Pelm		9:28	-	10:30	11:30	11:30		13:30	13:30		15:30
Hohenfels		9:38	-	10:40	11:40	11:40		13:40	13:40		15:40
Dockweiler		9:45	-	10:50	11:50	11:50		13:50	13:50		15:50
→ **Rengen**		9:57	-	11:00	12:00	12:00		14:00	14:00		16:00
Daun	an	10:02	10:35	11:05	12:05	12:05		14:05	14:05		16:05
	ab	10:10	10:40	11:15	12:30	12:22	13:26	14:30	14:22	15:26	16:30
Darscheid		10:16	-	11:24	12:36	12:30	13:34	14:36	14:30	15:34	16:36
Utzerath		10:21	-	11:31	12:41	12:37	13:41	14:41	14:37	15:41	16:41
Berenbach		10:24	-	11:37	12:45	12:43	13:47	14:45	14:43	15:47	16:45
Ulmen	an	10:28	10:58	11:42	12:49	12:48	13:52	14:49	14:48	15:52	16:49

Verkehrstage		2.-5. April		6. April	2.-5. April		6. April	2.-5. April		
Traktion		Dampf	Dampf	Dampf	Dampf	Dampf	Dampf	Dampf	Dampf	Dampf [1]
Ulmen	ab	12:00	12:55	13:50	14:00	14:55	15:50	16:00	17:00	18:00
Berenbach		12:05	13:00	13:55	14:05	15:00	15:55	16:05	17:05	18:05
Utzerath		12:11	13:06	14:01	14:11	15:06	16:01	16:11	17:11	18:11
Darscheid		12:18	13:12	14:08	14:18	15:12	16:08	16:18	17:18	18:18
← **Daun**	an	12:24	13:20	14:16	14:24	15:20	16:10	16:24	17:24	18:24
	ab	12:30		14:20	14:30		16:20	16:30	17:30	18:30
Rengen		12:35		14:30	14:35		16:30	16:35	17:35	18:35
Dockweiler		12:50		14:45	14:50		16:45	16:50	17:50	18:50
Hohenfels		12:58		14:55	14:58		16:55	16:58	17:58	18:58
Pelm		13:06		15:05	15:06		17:05	17:06	18:06	19:06
Gerolstein	an	13:10		15:10	15:10		17:10	17:10	18:10	19:10

Alle Dampfloks fahren Rauchkammer voraus Richtung Ulmen. [1] Am Ende des Dampfzugs fährt ein Dieseltriebzug mit.

Sonderfahrt: Ulmen–Kaisersesch–Ulmen

Verkehrstage		2.-5. April					
Traktion		Diesel [1]	Diesel	Diesel	Diesel	Diesel	Diesel
Ulmen	ab	11:00	12:00	13:00	14:00	15:00	16:00
Uersfeld		11:07	12:07	13:07	14:07	15:07	16:07
→ **Laubach-Mü.**		11:12	12:12	13:12	14:12	15:12	16:12
Kaisersesch	an	11:20	12:20	13:20	14:20	15:20	16:20
Anschlusszüge nach Andernach							
Kaisersesch	ab	11:26	12:26	13:26	14:26	15:26	16:26

Anschlusszüge von Andernach							
Kaisersesch	an	11:21	12:21	13:21	14:21	15:21	16:21
Verkehrstage		2.-5. April					
Traktion		Diesel	Diesel	Diesel	Diesel	Diesel	Diesel [2]
Kaisersesch	ab	11:26	12:26	13:26	14:26	15:26	16:26
← **Laubach-Mü.**		11:33	12:33	13:33	14:33	15:33	16:33
Uersfeld		11:39	12:39	13:39	14:39	15:39	16:39
Ulmen	an	11:46	12:46	13:46	14:46	15:46	16:46

[1] kommt aus Gerolstein ab 9:25

[2] fährt um 18:00 nach Gerolstein

Fahrplan der Eifelquerbahn anlässlich des Eisenbahnjubiläums.

Im Rahmen der Feierlichkeiten sind nochmals Schienenbusse im Bw Gerolstein zu Gast.

50 2740 wird im Bahnhof Gerolstein für die nächste Fahrt auf der Eifelquerbahn bereitgestellt.

78 468 wird für ihren nächsten Einsatz auf der Drehscheibe des Bw Gerolstein bereitgestellt. ►

52 6106 bei der Ausfahrt aus Gerolstein in Richtung Daun.

Ausfahrt von 78 468 aus Gerolstein in Richtung Eifelquerbahn. ►

78 468

41 360

41 360 mit einem Plandampfzug von Trier in Richtung Köln bei der Ausfahrt aus dem Bahnhof Gerolstein.

H.Unt.
26.10.08

Die Dampflok „Waldbröl" der Brohltalbahn war anlässlich des 175-Jahr-Jubiläums im Pendelverkehr zwischen dem Bw Gerolstein und Bahnhof Gerolstein eingesetzt.

Die preußische P8 im Lokschuppen des Bw.

5

Quo vadis Eifelquerbahn?

Nachdem der Personenverkehr auf der Eifelquerbahn am 11. Januar 1991 von der damaligen Bundesbahn offiziell eingestellt worden war, verlor die Vulkaneifel ihre direkte Anbindung an die Rheinstrecke und die Region um Daun ihre Bahnanbindung. Vegetation breitete sich auf den Bahngleisen und -anlagen aus, Bahnhofsgrundstücke wurden verkauft und einige Nebengleise bereits demontiert.

Doch im Jahr 2000 wurden die Weichen für die Eifelquerbahn neu gestellt. Ab 2001 rollten an Wochenenden, Feiertagen und während der Schulferien zwischen Frühjahr und Herbst wieder Züge zwischen Gerolstein und Kaisersesch im ganztägigen Zwei-Stunden-Takt. Auf dem Abschnitt Kaisersesch–Mayen hielt der Nahverkehr mit Verbindungen im Stundentakt Einzug. Bis 2008 etablierte die Trans Regio ein attraktives SPNV-Angebot, das aktuell von der DB Regio bedient wird.

2012 gab es jedoch einen erneuten Rückschlag: Die beliebten Freizeitfahrten wurden nach fast zehn Jahren eingestellt. Fortan wurde es ruhig um die Eifelquerbahn. Es gab Gutachten, Stellungnahmen, viele gute Ideen und Planungen: Lokalen Medien war zu entnehmen, dass sich die Kosten für eine Reaktivierung der Strecke Gerolstein–Kaisersesch auf rund 40 Millionen Euro belaufen würden (davon allein rund sechs Millionen Euro für den Neubau der nicht mehr intakten Brücke bei Pelm).

Pläne für eine schrittweise Wiederinbetriebnahme und die Wiederbelebung des Freizeitverkehrs (geschätzte 24 Millionen Euro) wurden aus Kostengründen abgelehnt.

Seit Dezember 2017 ist nun endgültig klar, dass in absehbarer Zeit kein regulärer Personenverkehr für die gesamte Strecke geplant ist. Denkbar wären nur noch eine teilweise Reaktivierung des Streckenabschnitts von Kaisersesch über Laubach nach Ulmen, der vor einigen Jahren saniert wurde, oder ein Radwanderweg auf einem Teilstück der ehemaligen Bahntrasse. Auch die Möglichkeit der Nutzung als Draisinenstrecke wurde ins Spiel gebracht.

Die Zukunft der Eifelquerbahn ist also weiterhin ungewiss.

Chronik

1878	Eröffnung des Teilstückes von Andernach nach Niedermendig am 1. April.
1878	Aufnahme des Personenverkehrs.
1880	Eröffnung des Abschnitts nach Mayen am 29. Mai.
1880	Eröffnung der Strecke Remagen–Ahrweiler am 17. September.
1882	Vorarbeiten und Kostenvoranschläge für die Eifelquerbahn werden in Auftrag gegeben.
1885	Eröffnung der Strecke Wengerohr–Wittlich am 11. April 1885.
1886	Eröffnung der Strecke Ahrweiler–Altenahr am 1. Dezember.
1888	Eröffnung der Strecke Altenahr–Adenau am 15. Juli.
1895	Eröffnung der Strecke Gerolstein–Daun–Mayen-Ost am 15. Mai.
1895	Ab 12. November besteht eine Direktverbindung von Gerolstein bis Koblenz über die Eifelquerbahn.
1895	Konzessionserteilung der Strecke Daun–Wengerohr–Wittlich.
1910	Eröffnung der Strecke Manderscheid-Pantenburg–Wittlich am 1. Juli. Somit war der Gesamtverkehr Daun–Wengerohr-Wittlich offiziell eröffnet.
1912	Eröffnung der Strecke Dümpelfeld–Hillesheim–Lissendorf.
1913	Eröffnung Ahrdorf–Blankenheim/Wald.
1954	Einsatz des Schi-Stra-Busses auf der Eifelquerbahn zu Beginn des Winterfahrplans 1954/55.
1955	Im November erhält das Bw Mayen die ersten Schienenbusse der Baureihe VT 95, einige Monate zuvor erhielt das Bw Jünkerath bereits Schienenbusse.
1966	Auflösung des Bw Jünkerath als selbstständiges Bw, am 1. Februar 1979 wird die Dienststelle Jünkerath aufgelöst.
1977	Am 31. Mai wird der Fahrzeugbestand des Bw Gerolstein an das Bw Trier abgegeben.
1978	Schließung des Bw Mayen-Ost.
1979	Zum Winterfahrplan 1979/80 werden auf der Eifelquerbahn alle VT 95 durch zweimotorige VT 98 ersetzt.
1990	Geplante Einstellung des Personenverkehrs auf der Eifelquerbahn Gerolstein–Daun–Mayen-Ost, jedoch aufgrund administrativer Versäumnisse noch nicht umgesetzt.
1991	Offizielle Einstellung des Personenverkehrs auf der Eifelquerbahn am 11. Januar.
1995	100 Jahre Eifelquerbahn – Festivitäten am 20. und 21. Mai.
2000	Vom 28. Mai 2000 bis 13. Dezember 2008 betrieb Trans Regio mit Regio-Shuttles den SPNV auf dem Abschnitt Mayen–Kaisersesch.

2001	Beginn von touristischen Fahrten über die Eifelquerbahn – jeweils am Wochenende und an Feiertagen – organisiert von der VEB (Vulkan-Eifel-Bahn Betriebsgesellschaft). Diese Fahrten endeten mit der Saison 2012.
2008	Seit 14. Dezember übernimmt die DB Regio mit der Baureihe 628.3 im Stundentakt die Bedienung der Strecke Mayen-Ost–Kaisersesch.
2015/2016	Diskussion der Machbarkeitsstudie Gerolstein–Kaisersesch mit noch offenem Ausgang.
2017	Der Entschluss ist gefallen, die Gesamtstrecke wird in absehbarer Zeit nicht reaktiviert.

52 8134 ex DR-Ost anlässlich des Jubiläums „175 Jahre Deutsche Eisenbahn" auf der Drehscheibe im Bw Gerolstein.

Buchhinweise

Mayen im Kaiserreich

Hans Schüller und Karl-Heinz Weingart

978-3-89702-686-5
18,99 €

Mayen
Zwischen Zerstörung und Wiederaufbau

Hans Schüller

978-3-86680-825-6
19,99 €

Andernach am Rhein

Klaus Schäfer

978-3-89702-066-5
19,99 €

Basaltlavabetrieb zwischen Rhein und Eifel

Hans Schüller

978-3-86680-196-7
19,99 €

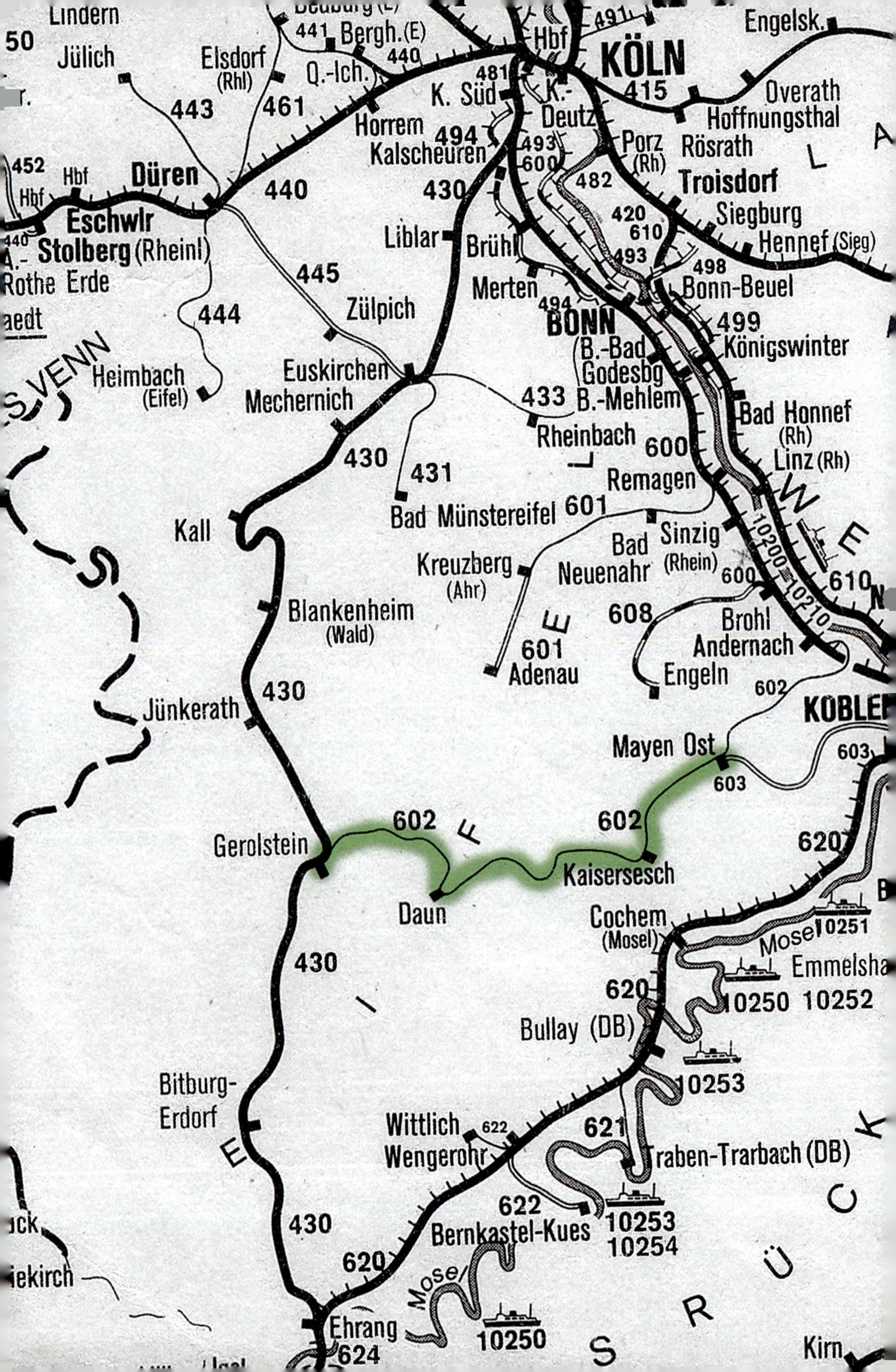

Lindern
Jülich
Elsdorf (Rhl)
441 Bergh.(E)
440
Q.-Ich.
491
Hbf
KÖLN
Engelsk.
481
K. Süd
K.-Deutz
415
Overath
Hoffnungsthal
Rösrath
443
461
Horrem
494
Kalscheuren
493
600
Porz (Rh)
482
Troisdorf
452
Hbf
Düren
440
430
420
610
Siegburg
Hennef (Sieg)
Eschwlr
Stolberg (Rheinl)
Rothe Erde
Liblar
Brühl
493
498
Bonn-Beuel
445
Merten
494
BONN
499
Königswinter
444
Zülpich
B.-Bad Godesbg
Heimbach (Eifel)
Euskirchen
Mechernich
433
B.-Mehlem
Bad Honnef (Rh)
Rheinbach
600
Linz (Rh)
430
431
Remagen
Bad Münstereifel
601
Kall
Bad Neuenahr
Sinzig (Rhein)
Kreuzberg (Ahr)
10200
600
610
10210
Blankenheim (Wald)
608
Brohl
Andernach
601
Adenau
Engeln
430
602
Jünkerath
KOBLE
Mayen Ost
603
603
602
602
Gerolstein
Kaisersesch
620
Daun
Cochem (Mosel)
10251
Mosel
Emmelsha
430
620
10250
10252
Bullay (DB)
10253
Bitburg-Erdorf
Wittlich
622
Wengerohr
621
Traben-Trarbach (DB)
622
10253
10254
Bernkastel-Kues
430
620
Mosel
Ehrang
624
10250
Kirn

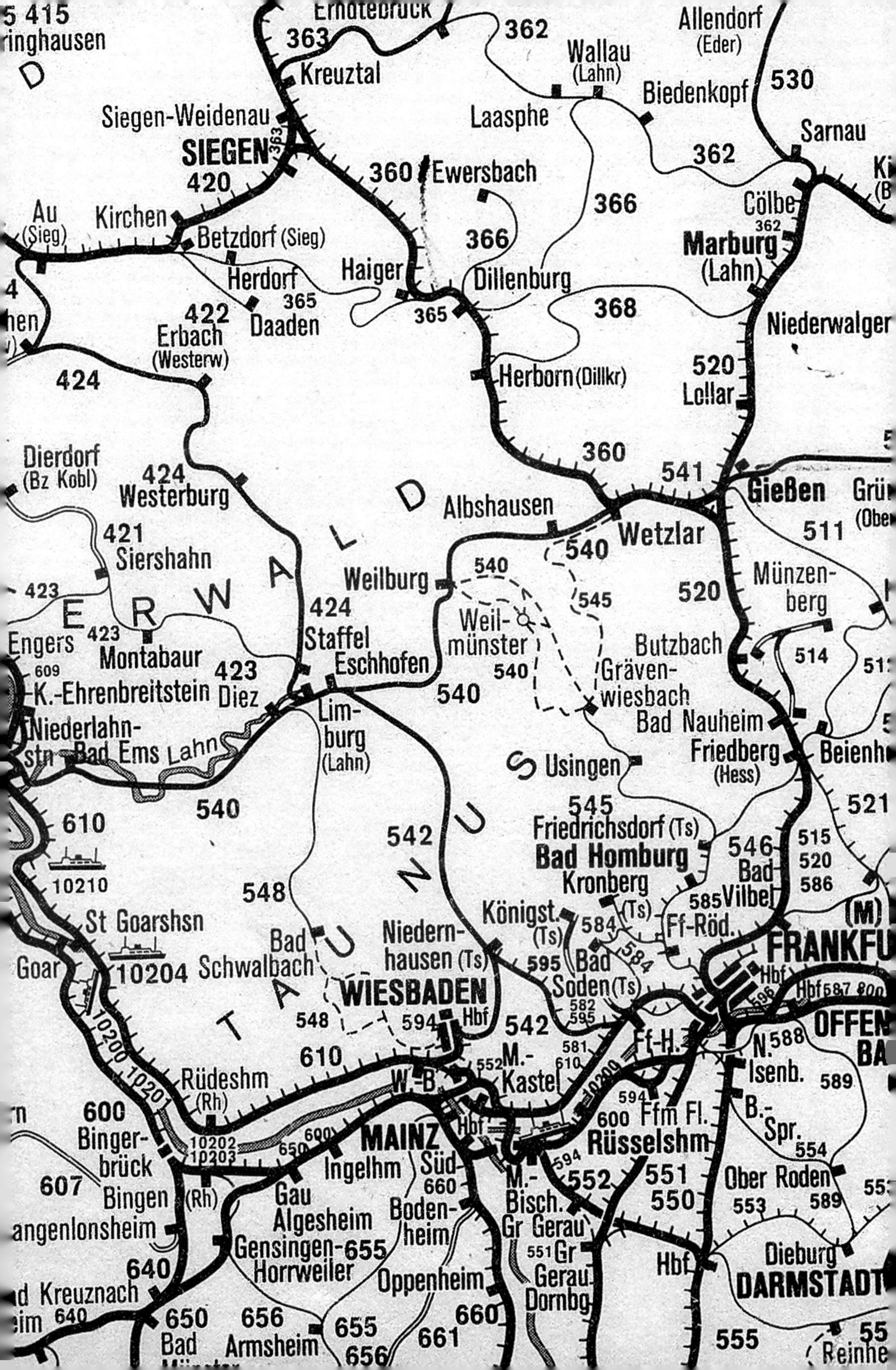

415
ringhausen
Erndtebrück
363
Kreuztal
362
Allendorf (Eder)
Wallau (Lahn)
Biedenkopf
530
Siegen-Weidenau
363
SIEGEN
Laasphe
Sarnau
362
420
360
Ewersbach
366
Cölbe
362
Au (Sieg)
Kirchen
Betzdorf (Sieg)
366
Marburg (Lahn)
Herdorf
Haiger
Dillenburg
365
365
368
422
Daaden
Niederwalgen
Erbach (Westerw)
424
520
Herborn (Dillkr)
Lollar
Dierdorf (Bz Kobl)
424
Westerburg
360
541
Gießen
Albshausen
Wetzlar
511
421
Siershahn
540
540
Weilburg
545
Münzenberg
520
423
424
Weilmünster
Butzbach
Engers
423
Montabaur
Staffel
Eschhofen
514
609
K.-Ehrenbreitstein
423
Diez
540
540
Grävenwiesbach
Niederlahnstn
Bad Ems
Lahn
Limburg (Lahn)
Bad Nauheim
Friedberg (Hess)
Usingen
540
545
Friedrichsdorf (Ts)
521
610
542
Bad Homburg
546
515
520
586
Bad Vilbel
10210
Kronberg
548
585
St Goarshsn
Königst. (Ts)
584
(Ts)
Ff-Röd.
(M)
Bad Schwalbach
Niedernhausen (Ts)
584
FRANKFU
Goar
10204
595
Bad Soden (Ts)
Hbf
WIESBADEN
582
595
Hbf
587
596
548
594
Hbf
542
OFFEN
588
10200
610
581
610
Ff-H.
N. Isenb.
589
1020
552
M.-Kastel
Rüdeshm (Rh)
W.-B.
10200
600
594
600
Ffm Fl.
B.-Spr.
Bingerbrück
MAINZ
Hbf
Rüsselshm
10202
10203
650
600
554
607
Bingen (Rh)
Ingelhm
Süd
594
552
551
Ober Roden
660
M.-Bisch.
550
553
589
Gau Algesheim
Bodenheim
angenlonsheim
Gr Gerau
Dieburg
Gensingen-Horrweiler
655
551
Gr Gerau Dornbg
Hbf
640
DARMSTADT
Oppenheim
d Kreuznach
640
650
656
660
555
Bad Münster
Armsheim
655
656
661
Reinhe